会社では教えてもらえない

人を動かせる人の 文章のキホン

吉田裕子 Yoshida Yuko

すばる舎

はじめに

「えーと、この部分はどういう意味なんでしょう……?」

「君の文章は結局、何が言いたいかわからないよ!」

「そもそも日本語が変なんだけど!」


文章に関し、このように注意を受けたことはありませんか?

わかりにくい。

主張が見えない。

言葉遣いがおかしい。

こうした指摘を受けると、「自分には文章力がないんだ……」と落ち込んでしまいますよね。厳しい評価を受け、文章にニガテ意識を持つようになった人も多いのではないでしょうか?


あるいは、こう注意されるタイプの方もいらっしゃるでしょう。

「一体いつになったら、資料まとまるんですか?」

そうやって催促されるパターンです。完璧志向なのかもしれませんが、提出期限までに書き上がらなければ、それはゼロです。

しかも、そのひとつの文章を書き上げるのに、人の何倍もの時間を費やしているのだとしたら、その分、ほかに抱えている仕事は止まってしまっているわけです。

少々厳しい言い方になりますが、それでは、良い文章を出せたとしても、トータルで見れば仕事のできない人、ですね。

実は、私の働く大学受験の業界でも、生徒の文章力の低さが大きな問題です。国語でも小論文でも、内容どうこうの前に、日本語に問題があり過ぎて、採点官にきちんと読んでもらえないような答案が出てきます。

中には、文章を書くことに慣れていないのか、制限時間までに書き終わらず、たった数百字の課題を何日もかかって書き上げる子も……。受験の上でも大問題ですが、「このまま大きくなって、この子たち大丈夫なのかな~」と、別の意味で心配してしまうときもあります。

実際、働く上で、文章力が重要になる場面は多いです。

日々のメールはもちろん、企画書、報告書、宣伝文、研修レポートなどでも、文章力が必要です。

大人数の前でスピーチをするとか、新しい商品を売り込みに行くとか、そういう重要な場面では、あらかじめ原稿を書く人も多いでしょう。ここでも文章力が必要です。

文章が稚拙では、説得力に欠けますので、決まる商談も決まらないでしょう。

とくに若手ビジネスマンはどうしても、自分より年上の相手とやり取りする機会が多くなります。人生の先輩に対して失礼のないよう、きちんと整った文章を書かなくてはなりませんね。

同時に、若いということは、なめられやすいということでもあります。未熟な文章では侮られてしまいます。相手の予想よりも、改まった文章を書いてみせることで、信頼を勝ち取りたいところです。

さらに今日では、直接顔を合わさずに、メールだけでやり取りするケースも増えています。

その場合、文章がいい加減であれば、性格もいい加減なのだと受け取られかねません。実際にどれだけ良い人であったとしても、です。

自分の知らないところで信頼を失ったとしたら、とてもこわいことです。

文章作成に時間がかかるのも損です。

1日に20通のメールを処理するとして、ひとつ平均2分で処理できる人なら40分ですが、平均5分かかる人は、100分かかっています。40分ですませられる人は、100分の人よりも1時間も浮いた時間があるわけです。これが1週間、1ヶ月、1年……と積み重なっていけば、大きな差になるでしょう。

その残業、文章力さえあれば、しなくてすんだ残業かもしれません。もっと時間の余裕があったら、先を見据えた情報収集や、新しい企画に取り組むこともできるのではないでしょうか。

信頼される文章を、手早く書くことができる。

なかなか会社では教えてもらえませんが、これは働く上で必須のスキルではないかと思います。

ここまで読んで、「自分は文章力がなくてダメだな……」と落ち込んでしまった人がいたら、安心してください。

文章力は才能ではなく、技術の問題です。

センスではなく、スキルなのです。

技術やスキルなら、学びさえすれば身につけることができますよね。

さあ、この本で、文章力のキホン、学んでみませんか？

吉田裕子

人を動かせる人の
文章のキホン

目次

第2章 まずおさえたい文章のキホン

第3章

もう一度イチから学び直す文法のキホン

第4章

ここまで文法に気を配れば完璧！

第5章 説得力をアップさせる表現テクニック

第6章 言いたいことが100%伝わる文章構成

カバーデザイン　小口翔平＋岩永香穂（tobufune）
本文デザイン・図版　松好那名（matt's work）
イラスト　安井彩

第 1 章

一生懸命書いているのに、全然まとまらない……

Basic Works of Writing

Basic Works of Writing

1

電話より メールの時代。文章力は 必須のスキル！

!

書けるようになると、
報連相もみるみる上手になる

「話す」以上に「書く」機会が格段に増えた

仕事で大事なことというと、何を思い浮かべるでしょうか?

コミュニケーション能力であったり、問題解決能力であったり、といったことが挙がるかもしれません。もちろん、それらもとても大切なのですが、実は「文章力」も仕事ではとても大事なことです。**ビジネスでは書面のやり取りも多く、文章が苦手だと、仕事に支障をきたしてしまうことも多くあります。**

たとえば、現代は電話よりメールの時代と言われています。

電話をかけるのは時間泥棒、マナー違反である、とさえ言われています。

電話を受ける側からすれば、電話は状況にかかわらず突然かかってきて、あらゆる作業を中断させてしまう、邪魔物なのです。一方、メールやメッセージアプリなら、受け手の作業を止めず、受け手のスケジュールに合わせて見てもらうことができます。

堀江貴文さんなどは、電話に対し、露骨に不快感を表明しています。彼らに限らず、電話よりメールを望む人は増えていることでしょう。

文章での連絡が中心となっている現代だからこそ、ビジネスパーソンに欠かせないのが文章力なのです。送ったメールは相手のパソコンやクラウド上に残り続けるため、間違いや誤解のないよう、より正確な文章を書くことが求められています。

連絡を取るときだけではなく、企画書、報告書など様々な場面で文章力が必要です。たとえば、若い人ほど「報連相」（報告・連絡・相談）が欠かせませんが、そこにも文章力が効いてくるのです。

私の後輩で、「文章嫌いを克服したら、報連相を気軽にできるようになった！」という人がいます。メールの文章が苦手なので、ついつい面倒で、「これぐらいのことなら報告しなくてもいいか」と報告をやめてしまうのが常だったそうですが、文章力を身につけると、書くことに自信がつき、小まめに報連相ができるようになったのだとか。的確な報連相をするようになった結果、周囲の信頼も上がったそうです。

ぜひ、この本をお読みのあなたも、文章力を味方につけ、仕事ができる人になってもらいたいと思います。

メールを書くのが苦手……

文章嫌いを克服すると……

**文章力を味方につけると、
仕事が一気にスムーズに**

Basic Works of Writing

2

まずは「上手く書こう」という自意識を捨てることから

!

ビジネス文書は「わかりやすさ」がすべて

書いては消してを繰り返し、締切に遅れる……

学生時代からレポートや論文が苦手で、なかなかまとまらず、ちょっとした文章を書くのも時間がかかってしまう。社会人になってからも締切を前に、書いたり消したり……。数時間パソコンに向かったものの、結局、書きかけの文章が数行あるだけ。ほぼ白紙。

ちゃちゃっと仕上げて帰って行く同僚もいる中で、遅くまで居残る羽目に。結局、家に持ち帰って仕上げるも、ほぼ徹夜……。

文章を書くのに時間がかかる、一番の原因は何だと思いますか？

もちろん、何をどう書いたら良いかわからない、ということも大きいのですが、それは一番の原因ではありません。

書くのに時間がかかる一番の原因は、実は「自意識」です。自分が他人からどう見られるか、気にする意識ですね。この自意識が、スムーズに文章を書くことの妨げになるのです。

少々文章術からは離れますが、私は塾講師として授業をする際、ある時期までとても緊張していました。授業が始まる前、お腹が痛くなる日もあったほどです。

最初は、準備不足が不安だから緊張するのかもしれない、と考えて、より綿密に授業の準備をするようにしました。ここでこういう問いかけをしよう、などと細かく検討したのですが、緊張はまったくおさまってくれません。

私はあるとき、気がつきました。「上手くやろう」と考え、緻密に準備すればするほど、「もし失敗したらどうしよう」と硬くなってしまうのだ、と。

「上手くやろう」と考えているとき、私たちは、自分の実像よりもよく見せようとしています。かっこつけようとしているのです。

真の実力よりもよく見られたい、そう願う自意識こそが問題です。そこに生じている無理こそが、緊張の原因なのです。

写真を見たとき、本人が「写りが悪い」とか「私こんなんじゃない」とか言うことがあります。ただ、傍から見たら、「そんなもんだろ」という感じです。本人の自意識ほど、写真と実物に差はないものなのです。

報告書ひとつ書くのも時間がかかり過ぎる……

ビジネスでは練りに練った文章は必要ない！

ビジネスでは速さのほうが重要！

「上手に書く」ことではなく
素早く「簡潔に書く」ことを目指す！

練りに練った文章ではなく、とにかく簡潔に

文章も同じ。書いては消し、書いては消し……と悩んでいるかもしれませんが、実際、それで生まれる差は大したものではありません。前髪が右分けか左分けかぐらいの差で、本人の思うほどの差は出ないのです。そうした点にこだわる余り、時間がかかっているのです。

たとえば、書き始めを必要以上に考えたり、文末表現をこだわったり、と悩んでしまっていませんか。あるいは、簡単な文章だと「馬鹿っぽく思われてしまう」ということを気にして、不必要に小難しい表現を考えてはいませんか。

このようなことは時間がよけいにかかってしまう原因です。読み手にしてみれば、とくに気にしていないことが多いのです。

相手を明確にイメージし、その相手に何を伝えるのか、という点に集中すれば、時間は短縮されます。

そして、**書くたびに一から工夫するのでなく、「どのように書いたら良いのか」と**

いうコツを学んでおけば、早くまとめることができるのです。

ビジネスで求められるのは、読み手を魅了する、練りに練られた美文ではなく、簡潔で読みやすい文章です。それなら、本書で紹介する、基本的な技術をおさえていれば、誰でも実現することが可能なのです。

自意識を手放し、文章スキルを身につけましょう。

Basic Works of Writing

3

ちゃんと書いたのに、なぜか相手を怒らせる文の共通点

!

伝えたいことをそのまま文章にするのは
意外と難しい

文法がおかしい、読み返しが足りない……

メールで何の気なしに書いたことで、相手を激昂させてしまう、純粋に褒めたつもりだったのに、嫌味だと解釈され、関係が冷え込んでしまう……。

どうしてこういうことが起きてしまうのでしょう。

本人は考えていること、伝えたいことをそのまま文章にしているつもりだと思います。

しかし、それを**正確に表す「文章力」が足りていない**ことが多いのです。

たとえば、ことわざ・慣用句などの言葉遣いが間違っていたり、文法ミスがあったりするなど、細部に問題がある文章。

そのような状態では、そもそも読み手は正確な内容把握ができませんし、言葉遣いのミスばかりが気になって、肝心の内容が頭に入ってこないという状況になりかねません。

それが単純な間違いで、笑われてすむのであれば良いのですが、**ちょっとした表現が読み手の機嫌を損ねるケースもあります**。敬語がきちんと使えていないとか、良かれと思って使った表現が失礼に当たる表現であった、とか。

政治家の失言も、何の気なしに言ったひと言が、実は侮蔑・差別の表現だった、というケースが多いのです。

こうしたトラブルを避けるには、普段から言葉について学ぶと同時に、念入りに推敲をしなくてはならないでしょう。

本書では、主に第2章から第4章までで、基本的な文法や文章の書き方を説明していきます。

「結局、何が言いたいの?」と思われる甘い構成

しかし、細部を整えたところで、文章全体の構成がヘタなままでは、言いたいことは伝わりません。

「だから、結局、何が言いたいの?」

意図通りに伝わらないのはなぜ?

原因

① 文法や言葉遣いに問題がある

- 文章にミスがあると正確に伝わらない
- 相手を怒らせてしまうことも…

② 構成に問題がある

- 支離滅裂な文章になってしまう
- 主張がはっきりしない

基本を見直せば、
文章力はすぐに上達する!

「全体として文離滅裂だな」

「ここ、話が飛んでいるよ！」

「この話、いる？」

などとダメ出しされたことはありませんか？

長い文章になると、途端に書けなくなる、という人も、文章構成がニガテというケースが多いのです。

細かい言葉遣いだけでなく、文章全体をどう組み立てるかも学ぶ必要があるのです。

本書では第5章と第6章で、全体の構成や表現にかかわる部分を解説いたします。


自分の本来伝えたかったことを、意図通りのニュアンスで、正確に、できれば効果的に伝える。

そうした文章力があってこそ、メールで思わぬ誤解を招いてしまうことや、企画書の内容がまったく伝わらない、といったことが避けられます。

さらには、トラブルを防ぐだけでなく、評価が上がるケースも出てきます。**信頼が商談成立につながったり、表現力が人を動かして広告や広報の効果が出たりする**わけです。

基本的な文法や表現、全体の構成。そうした文章の基本をしっかりとおさえることで、人間関係も上手くいきやすくなりますし、仕事も上手く回るのです。

Basic Works of Writing

4

ビジネスに美文は不要。「すっとわかる」が最大目標

!

難し過ぎない言葉遣いで、
リズムよく読みやすいか

文学作品を書き写して練習？

「文章が上手くなりたいので、小説をたくさん読んでいます」という人がいます。それはとても良いことで、ぜひ続けたらいいと思います。語彙や表現は読書を通じて蓄積されるものです。たくさん読み、できれば気になった表現を書き留めると良いでしょう。

実際、『城の崎にて』『暗夜行路』などで知られる作家・志賀直哉の文章は、名文だと言われて、かつて作家志望者は彼の小説を書き写すことで、文章を学んだそうです。

では、皆さんが、ビジネス上の文章が上手くなりたいと思ったときにも、志賀直哉を書き写せば良いのでしょうか？――答えはＮＯでしょう。志賀直哉の書き写しは、あくまで小説家としての文章を身につける方法なのです。

文章が上手くなりたい、と思ったときに、間違えてはいけないのは、目標の認識です。

この本を読む人が求めているのは、**実用的な場面での文章力**だと思います。メールであるとか、報告書や企画書であるとかが、すらすら上手く書けたらいいなぁ、と望んでいるわけです。別に小説として優れた文章、すなわち、技巧を駆使した美文、息を呑むような名文を求めているわけではないのです。

ですから、小説を読んだり書き写したりすることは、間接的・長期的には役に立つでしょうが、すぐに成果となって表れるものではありません。

それに、学校生活で国語の成績が悪かったとしても、作文が不得意だったとしても、文章力を諦める必要はありません。国語・作文と実用的な文章は少し違う分野なのです。子どもの頃のニガテ意識はリセットし、あなたの仕事で求められる形で、文章力を育めば良いのです。

ニュースや新書、入門書の文章がお手本

実用的な文章力で重要なことは、美しい文体ではありません。また、必ずしも難しい言葉遣いをする必要もありません。**求められているのは、読みやすさ、わかりやすさです。**理想は、すっと内容が入ってくる、という状態です。

・正確ではあるが、難し過ぎず、ちょうど良いレベルの言葉遣い
・簡潔でリズムが良く、引っかかりなく読むことのできる文体
・重要なことが一目瞭然で、根拠や例示などがあって納得もできる構成

こうした状態を目指す必要があるのです。

そのお手本になるのは、文豪の傑作でなく、事実を明瞭に伝えるニュース、専門的な内容を噛み砕いて説明した新書や入門書です。自分が読みやすいと思った文章をストックしておき、どうして読みやすいのか分析してみるほうが有意義です。

本書で目指しているのも、そうした文章力です。

第2章

まずおさえたい文章のキホン

Basic Works of Writing

Basic Works of Writing

5

「人を動かす」書き方を知らずに書いている人が９割

!

「伝達力・説得力・調整力」がポイント

この3つの要素が入っているか

依頼や指示、報連相、企画書、広告など、ビジネスには多くの文章があります。いずれの文章にも、共通する「文章力」が求められています。それは次のような力です。あなたの文章は、この3つの力を備えられているでしょうか？

ひとつ目は情報を的確に伝える「伝達力」。

ビジネスでは、曖昧な部分があったり、相手の想像力に任せるような部分があったりする文章は避けなければなりません。こちらの意図通りに、読み手に伝えるための文章が求められているのです。

ふたつ目は、根拠があって納得できる、あるいは、心を動かされるという「説得力」。

仕事ではとにかく相手に「動いて」もらわなければなりません。**ささいな業務のお願いでも、頼みづらい重い仕事でも、自分の文章で相手の心を動かし、納得してもら**

い、実際に行動に移してもらう必要があります。ダイレクトメールなどの広告では、いっそうこの力が必要です。

最後は、相手や状況に合わせて、文体や伝え方を工夫できる「調整力」。

ビジネスの文章は、目上の方に読んでもらうこともあれば、それぞれ特性の違う不特定多数の人に読まれることもあります。**読み手にどこまで寄り添って、受け取りやすい文章を書くことができるかが求められています。**

これら3つの力が組み合わさって初めて、あなたの考えは、正確かつ効果的に相手に伝わり、相手の行動を促すものになります。

ビジネスでは、企画書の1文や、メール1通の文章で、評価や成功の可否が変わってしまうことも大いにありえます。

本書を通じて、しっかりとした文章を書く力を身につけていきましょう。

右記の3つが揃った文章を書くには、文法・表現・構成が重要です。しかし、それらは、学校でも会社でも教えてもらえません。ほとんどの人が、訓練をせずに文章を書いています。本書では文法・表現・構成について、順に解説していきます。

意識しないと、なかなか上手く書けるようにならない

こうならないためにチェック!

- ☑ 文章に曖昧なところはないか
- ☑ しっかりとした根拠があるか
- ☑ 相手に合わせて工夫しているか

なんとなく書くのではなく、
「どのように伝えるか」のコツを覚えよう!

Basic Works of Writing

6

ツイッターが最大140字なのには理由がある

!

人の集中力は8秒間しか続かないと心得る

抵抗なく目を通せる文字量

実用的な文章が上手くなる一番のコツは、「読み手の気持ちになって考える」ことです。素朴な原則ですが、結局これができていない人が多いのです。

あなたは文章を読むとき、どのように読んでいますか?

私の教えている受験生たちは、シャーペンを片手に、接続語に印をつけたり、重要な部分に線を引いたりしながら読んでいます。あなたは普段そうしていますか?

実際、大人で、そのように手間をかけて文章を読んでいる人はあまりいないのではないでしょうか。

ビジネスの現場では、メールでも何でも、多くの文章は読み流されています。**ぱっと見で重要性を判断し、大事そうな部分だけを読んでいる人が多い**のではないでしょうか。スマートフォンでメールなどを読む機会も多い現代、軽く流し読みしても概要が伝わる、という文章の書き方がますます求められています。

具体的に言えば、**件名や見出しを工夫することや、文章の冒頭に結論を持ってくる**

ことなどが欠かせないのです。

マイクロソフト社が2015年に発表した研究によると、現代人の集中力は、なんと8秒程度しか持続しないのだそうです（2000年の実験結果では12秒だったそうですから、情報の氾濫するインターネット社会で、気が散りやすくなっていることがわかります）。

多くの人にとって、8秒で読めるのはせいぜい150字。ですから、**ひとつの段落は最大でも150字以内**に収めると良いでしょう。これはちょうど、ツイッターの最大文字数（140字）程度です。

ただし、150字程度の段落が、切れ目のないひとつの文になっていると、理解しにくく、読むのに抵抗感が生まれます。

よほど文章が巧みな人以外は、1文は50字程度が限界だと考えると良いでしょう。50字というのは、ワードの初期設定の状態で、A4縦の用紙に横書きすると、1行と少しに当たります。

文は50字程度、段落は150字程度。抵抗なく読めて、一読して意味がわかる。これが現代のビジネスで求められている文章です。

読んでもらう相手はたいてい忙しいもの

こんな長文読む暇ないよ!
今忙しいから
後にしてくれる?
この資料に目を通して
もらえますか

短い文章のほうが圧倒的に読みやすい

- 結論を冒頭に
- ひとつの文は50文字まで
- ひとつの段落は150文字まで

なるほど!
わかりやすい

一読して内容がわかることが不可欠

Basic Works of Writing

7

あれこれ盛り込まない。「一文一事」を厳守

!

1文で伝えることはひとつだけに絞る。
それ以上だと混乱する

簡潔で短い文を書くために

「結局、何が書いてあるのかわからない」
「ごちゃごちゃしていて、頭に入って来ない」
このように言われたことはないですか？　思いついたことをそのまま書いていると、こうなってしまいがちです。

一文一事。

「文章がわかりにくい」と言われたことがある人に、ぜひ覚えてほしい鉄則です。文をすっきりさせる秘訣です。ビジネスで求められる「簡潔な文章」を書くには、この鉄則が非常に重要です。

書く側には文章の全体像が見えています。その全体理解の中で、それぞれの文を書きます。しかし、読む側は、最初から1文1文読み進めるのに合わせて、内容を理解していきます。そうした状況ですから、**1文の中にあまりに情報が詰め込まれていると、処理能力がオーバーしてしまう**のです。

しかも、様々な要素が詰め込まれた文はたいてい、1文が長いです。文構造も複雑ですから、大変読みにくいのです。たとえば、次のような文はいかがでしょうか。

× 貴社が先日発売して好評を博している製品Aをいっそう多くのお客様にお届けするために、インターネットでのターゲットをしぼった広告プログラムを得意とする弊社がお手伝いさせていただけないかと考えております。

パンフレットなどにありそうな一般的な文章ですが、読みづらく、何を伝えたいのかよくわからないのではないでしょうか。

1文50字を目安にしてみる

この文章を、一気に伝えるのではなく、一文一事で表すと次のように変わります。

○ 貴社は先日製品Aを発売し、好評を博しています。

私どもでお手伝いをさせていただけないかと考えております。弊社は、Ｗｅｂ上でターゲットをしぼった広告プログラムを得意としています。

このように一文一事で書くと、読みやすいですね。文章全体の構成もはっきりし、メッセージを理解しやすくなります。

前節で、「1文の長さは50字を上限と考える」という話をしました。**字数目安を設ければ、複雑に入り組んだ文にはなりません**。一文一事と字数目安を組み合わせると、

制限字数４００字
↓８文くらい書ける
↓導入２文、メイン３文、具体例２文、補足情報１文にしよう

というように、決められた字数に合わせて構成を考えることもできます。

Basic works of Writing

8

「詳しければ詳しいほど伝わる」は大誤解

!

たった1行でも要素が伝わればOK

同じことを繰り返したり、「お断り」を入れたり……

「落としても壊れない丈夫な時計」

累計1億個を売り上げている人気商品「Gショック」は、このたった1行の企画書から始まったそうです。

ビジネスで求められるのは、このGショックの企画書のような文章です。本質を簡潔に伝える文章。**重要な要素が伝わりさえすれば、文章自体は短くても良い**のです。

私たちは文章を書く中で、多くの不安に囚われます。あれこれ不安になった結果、ダラダラ長い文章になってしまうパターンが多いのです。

たとえば、「これだけで伝わるだろうか」と不安になり、何度も同じようなことを書いてしまう。

断言すると反発を招くかもしれない、と不安になり、「逆に○○という意見を持つ人もいるかもしれませんが」「あくまで一般的な傾向ですが」などとお断りを入れて、長くなってしまう。

本人は良かれと思ってつけ足しているのでしょうが、似た内容が繰り返されると、読み手はうんざりしますし、お断りが多いと、本題が埋もれてしまいます。

時間をあけて読み返したり、人に意見をもらったりすることで、「これはなくても十分に伝わる」というところを潔く削りましょう。具体的には、左ページ図のように、**繰り返しになってしつこい部分や、読み手と書き手の間ですでに、共通の情報としてわかっている常識の部分**などです。後の項目で詳しく触れますが、箇条書きで、情報をすっきりと整理するのも有効な方法です。

簡潔な文章を身につけたい人に、勉強方法をふたつ提案します。

ひとつは、新聞の見出しやリード（大きな記事で、本文の前に概要をまとめている部分）を参考にすること。見出しからは短い中に要点を盛り込む方法、リードからは事実を簡潔に報告する方法が学べます。どこが上手いのか分析し、言語化してみましょう。

ふたつ目は、コラムや新聞の社説などの文章を１００字要約すること。結論とその根拠、結論とその対比などを取り出せば、１００字程度になります。重要な情報を見極める練習になるのです。

こうした訓練を重ね、明快な文章が書けるようになりましょう！

文章を削るポイント

■ **Before**

読み手もわかっている情報は省略

後半の「残念ですが」と重複するので省略

~~日曜に数ヶ月前から告知していたイベントがあります。~~

~~多くの方が楽しみにしてくれていたと思うのですが、~~

ちょうど台風が近づいています。

~~今後の進路次第で、問題ない可能性もありますが、~~

今の段階では直撃の可能性のほうが高く、残念で

すがイベントは中止しましょう。

結論に関連しない譲歩なので省略

繰り返し表現はまとめる

↓

■ **After**

台風直撃の可能性が高いので、残念ですが、日曜のイベントは中止しましょう。

繰り返し部分や既知の情報は
カットしても相手に通じる

Basic works of Writing

9

「、」を入れるだけであっという間に読みやすくなる

!

意味の区切れに的確に入れる

「～ので」や「しかし」、長い主語の後に

繰り返し述べていますが、ビジネスではほとんどの文章は読み流されます。たとえば、新聞や会議資料などは、パラパラめくって重要そうな箇所だけ念入りに読む、という人が多いのではないでしょうか。

その現状を踏まえると、文章を読んでもらいたい場合、さらっと読み流しても内容が理解できるような、そんな書き方をしておいたほうが良い、と言えます。視覚的に見やすい文章であることが重要です。

見やすさに大きく貢献するのが、「、」（読点）です。

多くの人は1字1字を目で追って読むのではありません。目に入ったフレーズを塊で理解します。意味の区切れる部分に、適切な「、」があると、内容を理解しやすいのです。

たとえば、次の文章は「、」がありませんが、読みにくく、意味も理解しづらいのではないでしょうか。

△かねてより天候が心配されていたものの当日見事な快晴になったので素晴らしい催しになった。しかし前年ベースでの見通しが甘かった結果大勢の客が特に客が殺到したA会場からあふれてしまった。

こんな文にならないようにするには、適切な位置に「、」を打つことが不可欠です。読点「、」は次のようなところに打ちます。

① 接続助詞（～ので、～けれど、～のに、～ば などのつなぎの部分）の後

② 接続詞（そして、しかし、なお、一方 などの文頭のつなぎの部分）の後

③ 長い主語（「～は」、「～が」などの文の主体を表す部分）の後

（例）幼い頃からスポーツを続けてきた彼は、なかなか体力がある。

④　状況・時・場所などを表す部分の後

（例）国内消費が徐々に回復している今、この商品の売上も期待できる。

⑤　述語（動作や様子を表す部分）と離れている主語の後

（例）我々は、後回しになっていた根本的課題に向き合う。

主語　述語

こちらを参考に、「、」を使いこなしてみてください。

メールでは30字以内で改行を入れる

参考までに、先ほどの文章に「、」を打ってみましょう。

○ かねてより天候が心配されていたものの、当日、見事な快晴になったので、
素晴らしい催しになった。しかし、前年ベースでの見通しが甘かった結果、

大勢の客が、特に客が殺到したA会場からあふれてしまった。

なお、メールの場合には、点を打つ代わりに改行することも多いです。長い文を改行せずに書き続けることはあまりしません。

パソコンやタブレットで見るものとして、見やすいのは、1行が最大で25〜30字くらいのメールです。内容の区切れるところで改行し、どの行も30字を越えないようにしましょう。さらに言えば、**3〜5行に一度、空白の行が入るほうが読みやすい**でしょう。

読点を打つべき5つの位置

① **接続助詞（～ので、～けれど、～のに など）の後**

例　明日は雨なので、イベントは延期します。

② **接続詞（そして、しかし、なお、一方 など）の後**

例　なお、詳細は別紙をご覧ください。

③ **長い主語の後**

例　幼い頃からスポーツを続けてきた彼は、
なかなか体力がある。

④ **状況・時・場所などを表す部分の後**

例　国内消費が徐々に回復している今、
この商品の売上は期待できる。

⑤ **述語と離れている主語の後**

例　我々は、後回しになっていた根本的課題に向き合う。

読点が入ると、視覚的にも
読みやすい文章に

Basic works of Writing

10

事実は事実、意見は意見。絶対に混ぜない

!

「〜である」「〜と考える」で区別する

「なぜそうなのか」を説明するデータや数値を

「どこまでが事実で、どこまでが書き手の意見なのかよくわからない」

文章を読んでいて、このような感想を持ったことはありませんか。そうした文章はいまいち信頼できません。

自分が文章を書く際にも、そうしたあやしい文章にならないようにしたいものです。客観的なスタンスで臨むべきです。

「事実を誤解も曲解もせず書く」のが鉄則です。

間違えない。歪めない。客観的に正確な文章を書く姿勢が重要なのです。

たとえば、「この商品はもうダメだ」という文。

この「ダメだ」は書き手の個人的な感想です。主観的です。気の合う仲間同士の会話なら、「この商品はもうダメだな」「そうだな、ダメだな」というやり取りで十分かもしれません。しかし、文章は、多くの人に納得してもらえるように書くものです。

「この商品の売れ行きがここ数ヶ月停滞している」であれば、それは客観的な事実ですから、誰もが納得します。

「そんなことないよ！」と言いたくても、具体的な数値などが挙がっていたら、反論はできません。事実や数値をもとにして書かれた客観的な文章は、万人に通用する説得力を持つのです。

もちろん、主観をまったく抜きにして、文章を書くことはできません。そもそも、自分の主張（個人的意見）を伝えるために書かれる文章が多いものです。

主観を交える場合は、客観的事実と主観の区別がつくように書きます。

先ほどの例で言えば、「この商品の売れ行きがここ数ヶ月停滞している。今後回復することも見込めないだろう」。事実と意見とを分けて書き、意見のほうには文尾に、

・だろう
・かもしれない
・と思われる
・と考える

などをつけるようにするのです。

もちろん、その意見が勝手な思い込みや決めつけではない、ということを示すために、理由や参考データを添えるに越したことはありませんね。

主観的な文章を書いていませんか?

× 根拠が足りない

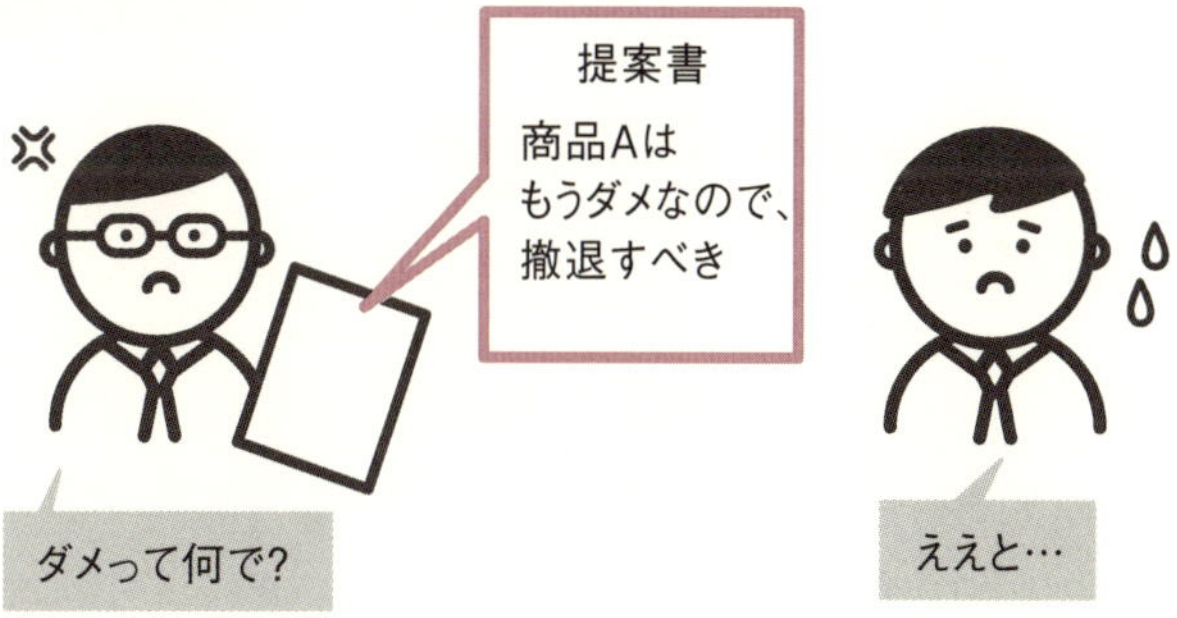

○ 客観的な事実を盛り込んでいる

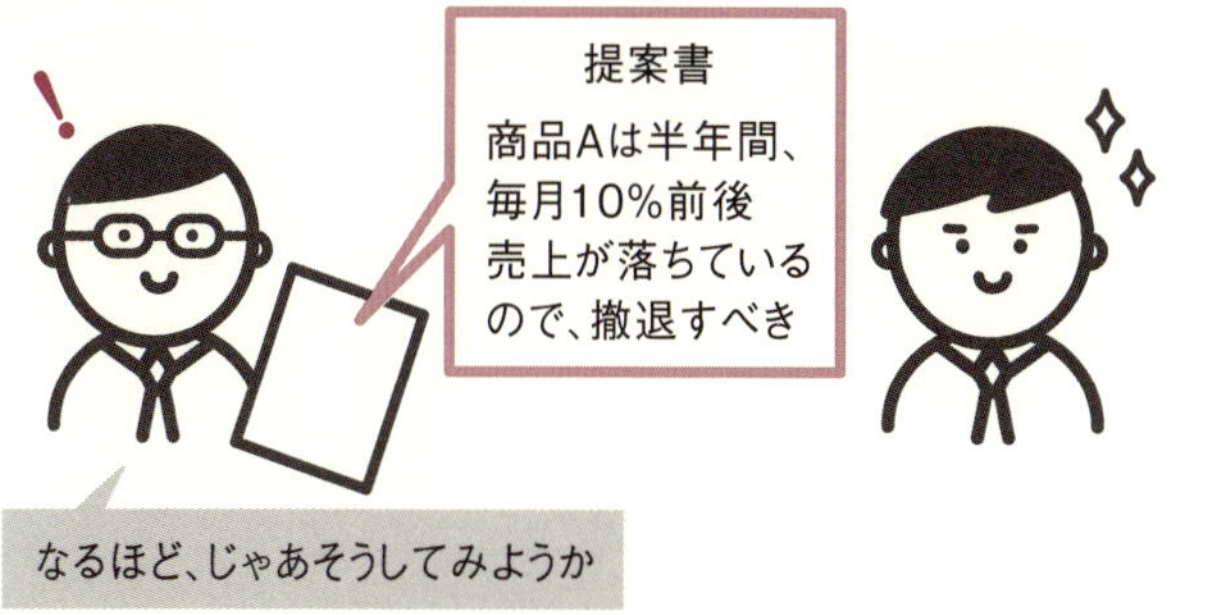

根拠のある文章なら
誰が読んでも納得

Basic works of Writing

11

いきなり書き始めない。箇条書きで要点をまとめるひと手間

!

まずは「伝えたいこと」を中心に
洗い出す

「この商品は便利」をどう訴える？

とくに長い文章だとそうですが、いきなり整った文章の形式で書こうとすると、細かい表現の面で悩み、必要以上に時間がかかってしまうことが多いものです。また、前提などをつらつら書いているうちに重要なことが薄くなってしまう、ということもよく起こりがちです。

仕事で文章を書く目的は、言葉の知識をアピールすることでも、読み手を魅了することでもありません。「この商品は便利です！」とか「この案を採用したほうが良いです！」とか、何かしら訴えたいことがあるはずです。その**メッセージを相手に届けること自体が目的で、文章はその手段でしかありません**。文章としての完成度自体が目的になってしまっては本末転倒なのです。

文章に不慣れな人は「どうしても伝えなくてはならないこと」「ぜひ伝えたいこと」を中心にして、事前に伝える内容を箇条書きにしてみるようにしましょう。

とは言え、ただ単に箇条書きにするのはNGです。

全部を一律に並べるのでなく、階層（レベル感）や順序を意識することで、わかりやすい構成になります。

たとえば、次の例を見てみましょう。

新商品にはメリットもデメリットもあります。

メリット　①　価格が安くなる

　　　　　②　重量が軽くなる

デメリット　①　電気代が前よりもかかる

　　　　　　②　操作方法が大きく変わる

メリットを考えると、新製品に切り替えたほうが良いでしょう。

デメリットは大した問題ではありません。

理由　・電気代は前より高いと言っても、1ヶ月数円程度の差である

　　　・操作は前のモデルとは違うが、数回使ってみれば慣れる程度である

いきなり文章にすると失敗しがち

うーん…
どうやって
まとめよう…

箇条書きにするとまとめやすい!

メリット
①
②
デメリット
①
②
理由
①
②
箇条書きを元にすれば
ラクに書ける!

**書く順序まで工夫ができれば、
わかりやすい文章もすぐに書ける**

きちんとした文章にはなっていない、箇条書きのメモですが、メリット・デメリット・理由の具体的記述を、簡単な言葉を使い、ひとつ下げた階層にしていることで、理解しやすい文章になっています。

メリットとデメリットに分け、最適な順番に

ここで訴えたいのは、「メリットを踏まえ、新製品に切り替えるべきだ」という部分ですので、それをさらに目立たせる順番に入れ替えてみましょう。

○新商品にはデメリットもありますが、メリットの大きさを考えると、新製品に切り替えるべきです。
メリット　①　価格が安くなる
　　　　　②　重量が軽くなる
デメリット　①　電気代が前よりもかかる……ただし、1ヶ月数円程度の差
　　　　　　②　操作方法が大きく変わる……ただし、数回使えば慣れる程度

こうしてわかりやすい順序を工夫できるようになれば、上手な文章が書けるところまで、あと一歩です。

資料の種類によっては、文章としてまとめるよりも、例に挙げたような箇条書きのまま示したほうが親切な場合もありますので（パワーポイントの資料、イベントの招待状など）、箇条書きをどんどん活用してみてください。

Basic works of Writing

12

どんな文書も5分で完成するテンプレート

!

スピードと質の両立が可能に

送付状、リマインドメール、企画書……

文章が思うように書けないという人に聞くと、「何を書いたらいいかわからない」「伝えたい内容はピックアップしたけれど、どう文章として構成したらいいかわからない」という声がよく挙がります。あれこれと悩んだ結果、ひとつの文章を作り上げるのに、想像以上の時間がかかってしまった、ということになりがちです。それでは効率が悪いですね。

文章を速く書くには、テンプレートを作るのがオススメです。たとえば、

・書類やパンフレットの送付状
・次回の打ち合わせ日時のリマインドメール
・会議用資料や議事録などを関係者に送付するメール

のように、自分にとってよく使うシチュエーションの文面は、あらかじめテンプレー

トを作っておいて、具体的な日付などを入れれば、すぐに完成できるよう準備しておくと良いでしょう。

さらに言えば、企画や報告をまとめたりする際にも、おおまかなテンプレートを作っておくと便利です。

私自身も企画を立てるときには、自分なりのテンプレートを使っています（左のページの表）。この**表を埋めてから文章を作成すれば、漏れのない、説得力のある企画書ができます**。企画書が箇条書きでも許容される場合には、このテンプレートの穴埋めさえすれば、もう企画書は完成したようなものです。

5W1Hがやっぱりまとめやすい

報告に関しても、次のような、5W1Hをもとにしたテンプレートを意識すると、迅速に、わかりやすい文章を書くことができます。

・いつ（イベントや会議のあった日、問題の発生日時など）
・どこで（場所、会議名、情報ソースなど）

企画テンプレートの例

企画名	若手向け接遇研修会
日時	3月10日（水）16時～18時 ※研修会終了後、懇親会実施予定
場所	新宿オフィス　会議室2 ※確保済み
ねらい	・顧客満足度の向上 ・営業部若手のチームワーク強化
効果判定の指標	販売スタッフに対するクレーム減 3/16～4/15 の期間のクレームゼロへ（前年6件）
関係者	講師 1：山田部長（CS 部）※依頼済み 講師 2：細川主任（CS 部）※依頼まだ 受講対象者：各営業所の販売スタッフ1～4年目 （19 名）
必要な作業	①講師依頼 ②各店長への協力依頼（シフト調整） ③案内作成 ④該当者への連絡（1月末までに）、出席可否集計 ⑤懇親会の予約、予算申請 ※②のみ田中部長に依頼（1月18日の店長全体会議、それまでに企画書要）、①③④⑤は吉田が実施
現段階での進捗、懸案事項	・2人目の講師への依頼がまだ ・講師確定後、企画書作成が必要 ・A店やB店のような配属人数の少ない店舗から現場を離れての参加が可能か?

あらかじめ要素を表にしておけば
後は埋めていくだけ

・誰が（関係人物など）
・何を（対象物、検討事項など）
・どうした（行為、判断、結末、対処法など）
・なぜ（原因、理由、目的など）
・報告を受けた相手の取るべきアクション（知っておいてくれればいい、いつまでに何を決断してほしい、何を手伝ってほしいなど）

もちろん、毎回すべての項目が埋まるわけではないでしょうが、考えるのがラクになるはずです。

パパッと処理して評価を上げる！

実際に左の報告書テンプレートを使って文章を作ってみましょう。項目に従って、まずは情報を次のように洗い出します。

・いつ　→　昨夜
・どこで　→　A市

・誰が　↓　配達員
・何を　↓　配達商品
・どうした　↓　遅配した
・なぜ　↓　欠員が出た上、配達件数が多かったため
・報告を受けた相手の取るべきアクション　↓　システムの変更

後はこのテンプレートに、次のように詳細の情報を加えて書くだけで済みます。

○昨夜、A市で、配達員が配達時刻指定の商品を遅配しました（指定時刻よりも最大で110分の遅れ）。
体調不良による欠勤が発生し、普段よりも配達人員が2名少なかったことと、雨により注文件数が多かったことが原因です。

急な欠勤などで対応可能な注文数が減る場合、店長の権限で注文システム上の受付可能数を減らせるよう、システムを改修していただけないでしょうか。

このように、簡潔で明快な報・連・相が可能になるでしょう。

このとき、**忘れてはいけないのが、最後に挙げた「報告相手の取るべきアクション」。これを漏らすと、「で、何?」「結局、何が言いたいわけ?」とあきれられかねません**。

パパッとメールを処理したり、わかりやすく企画や報告をまとめたりできる。そういう人は、単に文章力があると言われるだけでなく、仕事ができると評価されることでしょう。皆さんも、テンプレートを活用し、仕事ができる人を目指しましょう!

第 3 章

もう一度
イチから学び直す
文法のキホン

Basic Works of Writing

Basic works of Writing

13

てにをはレベルの間違いで「仕事ができない」と判断される!?

!

文法でつまずくと、
内容まで見てもらえない

上の人ほど細かい部分を見ている

文法上の誤りがないということは、信頼性の高い文章に不可欠な要素です。しかし、文章を書くのがニガテで悩んでいる、という方に限って、「文法ではなくて、文章テクニックを」と足元をおろそかにして先走ってしまいがちなのです。

私は中高生を教えていますが、「文法」というと、いかにも勉強という感じがするようで、皆、いや～な顔をします。ニガテな子はたいてい、こう言います。

「文法なんて勉強して何になるんだよ！」

「フツーに話せているし、大丈夫だよ」

たしかに、そう感じる気持ちはわかります。日本語が母語の人にとっては、あえて文法を勉強するのは、かったるく感じられるものです。

ただ、**文章力を磨くには文法を勉強しておくほうが、信用、品格につながる**のです。というのも、自分で文章を書くというときには、日頃文章を読んだり、会話をしたりするのより、ひとつレベルの高い日本語の力が求められるからです。

書き言葉は後に残りますし、普通の会話よりも改まった文体で書くことが多いものです。さらに、多くの人に読まれると意識すると、ちょっとした言い回しひとつに悩んでしまいがちです。そんなとき、文法面での不安が頭をもたげてきます。

文章を読む人の中には、細かく注意深く観察する人がいます。「てにをは」がおかしいとか、敬語が間違っているとか、そうした点にすぐ気づくのです。そういう人は、文法ミスを見つけた段階で、その文章自体を信用しなくなります。せっかくいいことを言っていても、文法のせいで受け入れてもらえないのはもったいないことです。

実際に、基本的な文法ミスをしている文章を大変多く見かけます。書いた本人は、ミスに気づいていないのでしょう。知らない間に信頼を失うのはこわいことです。

別に、国文法の初歩から体系的・網羅的に勉強する必要はありません。**つまずきやすい点だけ、チェックすれば良い**のです。

よくあるミスを防ぐことで、門前払いを食うことはなくなります。最低限の信頼性を確保することができ、後は内容面で勝負する、ということが可能になります。

文法はあらゆる文章にかかわります。会話にも影響します。ちょっと勉強すれば幅広い場面で役に立つのです。この章で、文法をあなたの武器にしましょう。

文法なんて今さら必要ない？

勉強みたいで
面倒くさい
日本語を
フツーに話せるし……
そのうち自然に
できるようになる
のでは……
そんなの
意識してる人
いるの？

文法ができていないと……

- 文章だけでなく、社会人としての信用も失う
- きちんと伝わらず、思わぬ誤解を招いてしまう

↓

基本の文法をおさえることが必須！

つまずきやすい点をおさえて
しっかりとした文章を書けるようになろう！

Basic works of Writing

14

「決定権は山田課長です」主語と述語のねじれに注意！

!

口頭では聞き流せても
文章では違和感が残る

「危険が予想する」？

決定権は、山田課長です。


この文、なんだかモヤモヤしませんか？

その違和感の原因は、主述のねじれ。**主語と述語が噛み合っていない状態**です。

口頭では、こうしたねじれはあまり気にならないかもしれませんが、文章だと違和感があります。ねじれは、慌てて書いて読み返していない場合や、後から一部だけを書き直した場合に発生しやすいミスです。

改めて確認すると、主語とは、文の中で、「○○が」「○○は」などと表される、動作主、話題の中心のこと。それと対応した動作、状態を表す部分が述語です。

主語		述語
私が	先方に	連絡する。

主述が噛み合っていないと、文法的におかしいばかりでなく、意味が正確に伝わりませんので、注意しましょう。たとえば、次のように改めます。

× 決定権は、山田課長です。

▼

○ 決定権は、山田課長にあります。
○ 決定権を持つのは（持つ人物は）山田課長です。

× 危険が予想する。

▼

○ 危険を予想する。
○ 危険が予想される。

とくに多く見られる間違いは、次のようなパターンです。

× 長期的な目標は、海外で仕事をしたいです。
▼
○ 長期的な目標は、海外で仕事をすることです。
○ 長期的には、（私は）海外で仕事をしたいです。

× 安さの秘密は、製造コストをカットしている。
▼
○ 安さの秘密は、製造コストのカットだ。
○ 安さの秘密は、製造コストをカットしていることだ。

「目標は○○です」「秘密は○○だ」という文の述語部分（○○）には、名詞もしくは「〜こと」で終わる表現が来ることで、主述が噛み合います。

急いで書いたときほどよく読み直す

×今期、海外事業が不振に陥っている原因は、物流コストの増大、現地従業員とのコミュニケーション不全、そして、欧州各国の経済が冷え込んでいる。

この例文の場合、中心となる主語は「原因は」です。この主語に対し、「物流コストの増大」「コミュニケーション不全」のところまでは噛み合っていたのですが、3つ目の原因のところで、対応関係が崩れてしまいました。

本来はこうあるべき文です。

○今期、海外事業が不振に陥っている原因は、物流コストの増大、現地従業員とのコミュニケーション不全、そして、欧州各国の経済の冷え込みである。

なお、**主述のねじれは、文が長くなるほど生じやすい**ものです。1文1文を短くし、箇条書きを取り入れるなど、ねじれが生じないよう注意しましょう。

○今期、海外事業が不振に陥っている原因が３つある。
①物流コストが増大している。
②現地従業員とのコミュニケーションができていない。
③欧州各国の経済が冷え込んでいる。

このように、箇条書きにして番号をつけるのも、文章がわかりやすくなるコツです。文章にねじれが起きてしまわないよう、書いた文章は読み返して確認をする習慣をつけましょう。

Basic works of Writing

15

「が」か「は」か。1字違いで意味は大違い

!

助詞ひとつまで気を配れると
文章力は格段に上がる

「例の企画は成功した」……ほかは失敗!?

「てにをはがおかしい」

日本語のまずい文章をそう評することがあります。「て」「に」「を」「は」はどれも、漢文訓読によく使われた助詞。現在、「てにをは」と言えば、助詞の代名詞になっています。

助詞は「私の」「私が」のように、名詞などの下につく語です。一見、おまけのように見えますが、**実は文のニュアンスを大きく左右する言葉なのです。**

たかが1文字だから、しょせんおまけの言葉だから、とあまり深く考えずに書いてしまっていませんか。しかし、その1文字の違いで、誤解や反発を生んでしまうこともあります。たとえば、次の文を見比べてみましょう。

【が】例の企画が成功した。
【は】例の企画は成功した。

一文字違うだけで、ニュアンスに違いが生まれましたね。

どちらも「例の企画」の成功を伝えていますが、「例の企画は成功した」のほうは、それ以外の企画が、何か失敗したということを暗示するようです。それは、**「は」に、多くの事柄からひとつを選び出して強調するニュアンスがある**からです。もし「今年の新人の中で、田中はよくやっています」と言えば、田中以外はいまいちで、田中だけはよくやっているという意味合いです。

ほかにも、「が」と「は」には違いがあり、

【が】未知の情報を示す
【は】既知の情報を示す

という特徴があります。次のような使い分けをします。

この春、多くの新サービスが始まる。……新サービスの話はここで初めて
それらは年度替わりの4月にスタートする。……前の文で出た新サービスの話

ほかにも、「へ」「に」というよく似た助詞があります。現代ではあまり使い分けを

意識している人はいないのですが、実は差があります。

【へ】方向・方面を示す
例　駅へ向かう
（駅の方向というニュアンス）
【に】移動の到達点を示す
例　駅に向かう
（目的地が駅であることを指す）

ほぼ同じに思える「へ」「に」にも、以上のような微妙な違いがあるなど、助詞の世界は、なかなか奥深いものです。助詞ひとつにも注意を払って文章を書くようにしましょう。

Basic works of Writing

16

つながる言葉同士は近づけて書くのが鉄則

!

「意味は通じるけれどわかりづらい」状態を抜け出す

主語と述語が離れるほど、わかりにくくなる

文章を書くときに、文の中での語順を意識していますか？

英語だと「I study English hard.」を「Hard English study I.」とすると意味不明です。だから、英語を勉強するときは皆、語順をきちんと意識します。

日本語だと、「私は英語を勉強する」でも「英語を私は勉強する」「勉強する、私は英語を」でもどれも大意は通じます。だから、我々は語順を軽んじがちなのです。

ただ、読みやすさという観点では、語順は大きな影響力を持ちます。

> △私は来週の売上は期待できないと考えている。

この文には、文法的におかしい部分があるわけではありません。しかし、「私は」「来週の売上は」と主語がふたつ続いてしまう部分に、違和感があります。

その原因は、「私は」という主語が、「考えている」という述語と大きく離れたことにあります。

そのため、「主語A―主語B―述語B―述語A」という、入れ子構造になってしまっているのです。

次のように「私は」を後ろに持ってくると、主語と述語のセットがそれぞれまとまるので、読みやすくなります。

主語A 来週の売上は　述語A 期待できないと　主語B 私は　述語B 考えている。

同じことは、修飾語（後ろを説明する語）と被修飾語（説明される側の語）にも言えます。この組み合わせの間は、ほかの言葉を入れないほうが読みやすいのです。

△ ぜひ成長したければ自己研鑽してもらいたい。

○ 成長したければ、ぜひ自己研鑽してもらいたい。

△ 珍しい、関係者しか見られない
工場内部を見学できる機会

○ 関係者しか見られない工場内部
を見学できる珍しい機会

読みやすい文章にするためには、**どの語とどの語が主語・述語、修飾語・被修飾語の関係になっているかを意識して書く**必要があります。

意味のつながる言葉同士は、近づけて書くのが鉄則なのです。

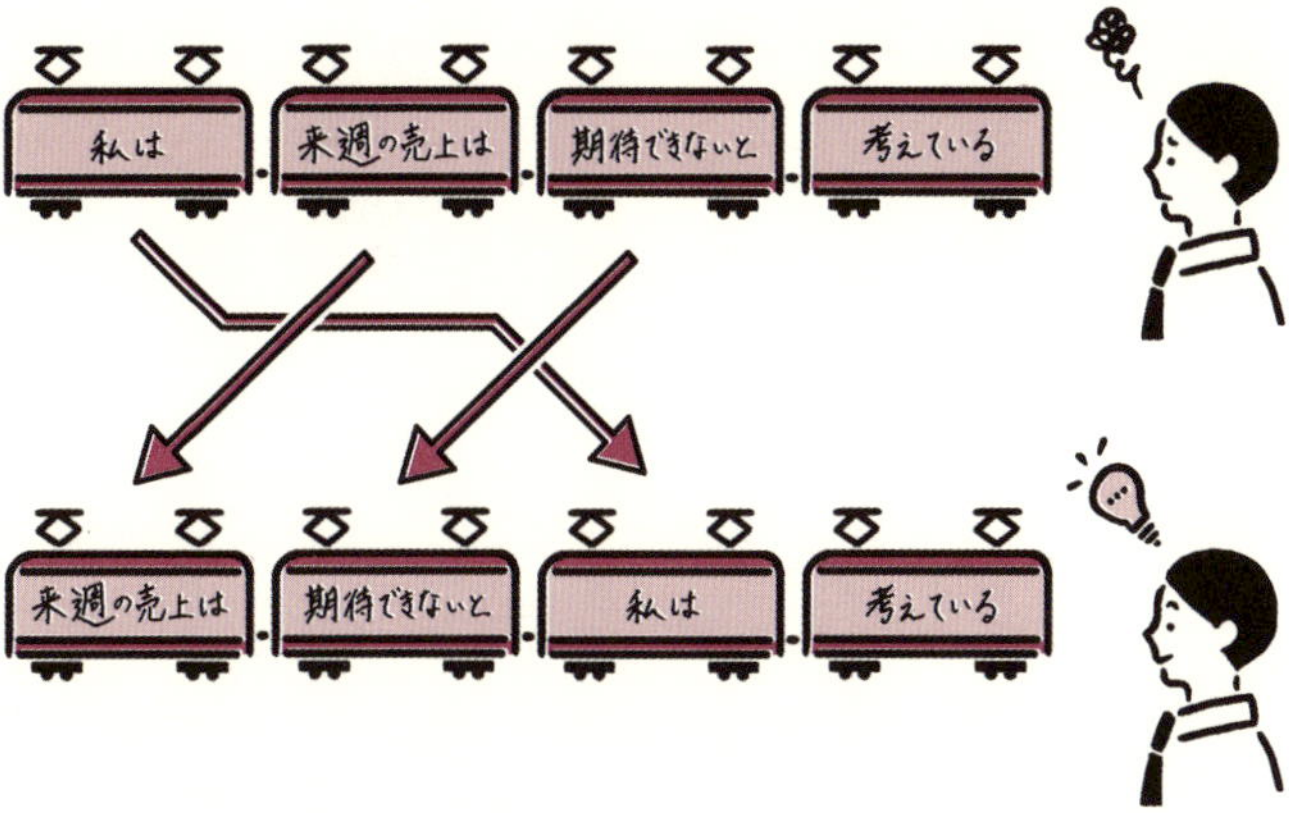
私は
来週の売上は
期待できないと
考えている
来週の売上は
期待できないと
私は
考えている

Basic works of Writing

17

「すぐに不振に陥る事業から撤退」。「すぐに」が係るのは？

!

「どっちの意味？」
と思われる文章はNG

「すぐに不振に陥る」か「すぐに撤退」か

次の文がどのような意味か、イメージしてみてください。

我々はすぐに不振に陥る事業から撤退する。

あなたがイメージしたのは、どちらだったでしょうか？

A　すぐに不振に陥る事業

B　すぐに撤退する

実はこの文、修飾語の位置が不適切なために、ふた通りに解釈できてしまいます。もちろん、**前後の文脈で理解できる場合もありますが、誤解を招きかねない書き方は避けましょう**。今回、Bの意味だとしたら、次のようにして誤読を防ぎます。

○ 不振に陥る事業から我々はすぐに撤退する。［語順変更］

〇 我々はすぐに、不振に陥る事業から撤退する。［読点］

修飾語「すぐに」と、被修飾語「撤退する」を近づけたり、読点で区切りをつけたりすることで、わかりやすくなりました。

また、有名な笑い話の「ここではきものをぬいてください」（ここで履物を脱いでください／ここでは着物を脱いでください）ではありませんが、**ひらがなばかりで表記することで誤解が生まれる**場合もあります。

逆に、**漢字ばかりで書いた結果、区切り方がわかりにくくなった**文章もあります。二重の意味とはいかないまでも、別の区切り方で読んでしまうこともあるでしょう。たとえば、次の文章も左のように、読点やひらがなを加えたほうが読みやすいです。

✕ 当時不明瞭だった部分も、近年徐々に判明してきた。

▼

〇 当時、不明瞭だった部分も、近年になって徐々に判明してきた。

適度な漢字・ひらがなのバランス、語順、読点（、）のつけ方を工夫し、ひと通りにしか読めない文を書きましょう。

あなたの文章が一読しただけでは意味がわかりにくく、何度も読み返さなければならないものであったら、相手の時間を奪うことになってしまいます。

顧客向けの連絡や案内がわかりにくいのも、よくありません。複数の会社を比較しているとき、パッと理解できない案内は、商品が魅力的でもゴミ箱行きです。

書いた文章を最後に読み返し、意味が複数になっていないか確認しましょう。

Basic works of Writing

18

「の」が3回以上続いたらアウト

!

読みづらいだけでなく、
文意も把握しづらくなる

「長期の指針の欠如」→「長期的指針に欠けること」

×新興の企業の特徴の長期の指針の欠如であるが

このように、「の」が続く文を見ると、「うっ」となりませんか? 実際このように「の」が連続して気持ち悪い文章はよく見かけます。**熟語の多い文などでは、ついつい「の」を重ねてしまいがち**なのです。

「の」の連続は2回以内に抑えたほうが良いでしょう。『崖の上のポニョ』が、抵抗なく読める限界だと思ってください。

先ほどの文であれば、次のように整理することができます。

○ベンチャー企業の特徴として挙げられるのは、長期的指針に欠けることだが

この添削例では、

① カタカナ語を織り交ぜる
② 「の」の代わりに「的」でつなぐ
③ 名詞表現から動詞表現に改める

という方法で、「の」の連続使用を回避しました。

「が」と「を」の連続も要注意

「の」に限らず、同じ助詞を連続させるのは避けたほうが良いでしょう（なお、念のため確認すると、助詞は、名詞などの後ろについて意味を添える語のことでした）。**助詞が連続すると、文意が把握しにくいですし、「この人、文章ヘタだな〜」という印象を与えてしまいます。**

✕① これが私が好きな本です。
✕② 当時の状況を知る人を探すのをお願いしたいんだが。

「が」や「を」が続いて不自然な印象です。
それぞれ次のように改めると、重複が避けられます。

○① これが私の好きな本です。（「が」→「の」）
○② 当時の状況がわかる人を探すのに協力してほしいんだが。
（「を知る」→「がわかる」、「探すのをお願い」→「探すのに協力」）

同じ助詞の重複を避けて、読みやすく、文意の把握しやすい文章を書きましょう。

Basic works of Writing

19

これだから若者は と言われる 「ら抜き」「れ足す」「さ入れ」

!

うっかり使って
悪い印象を残さないために

「来れた」「飲めれない」「読まさせていただく」

「私がここまでやって来れたのは、支えてくれた皆さんのおかげです」

このようなインタビューを目にしたことはありませんか？

文法にきちんと従うと、「やって来られた」となるはずのところ、「やって来れた」となってしまっています。文法上必要な「ら」が抜け落ちている、ら抜き言葉です。

ら抜き言葉は近年、口頭で使用する分には容認されつつあります。

しかし今日でも、**ら抜き言葉が書き言葉に出てくると、違和感を覚える人が多い**のです。

文章は長く残るもの。書き言葉では、話し言葉よりも厳密に文法を用いるべきでしょう。

以下、文法がおろそかになっている「日本語の乱れ」の例をご紹介します。うっかり使っているものがないか、確認してみてください。

正しい活用がわかる簡単なコツ

①　ら抜き言葉

ら抜き言葉とは、「見れない」（正しくは「見られない」）のように、本来「ら」の入るべきところで、「ら」が抜け落ちてしまった表現のこと。

ここには、「動詞の活用の種類」という文法事項が関わっています。

動詞（ウ段で終わる、動作などを表す語）のうち、打消の助動詞「ない」をつけると、「ない」の直前がイ段の音になる動詞は、上一段活用と言われます（「起きる」に「ない」をつけて「起きない」など）。

同じように、「逃げない」のように、「ない」の直前がエ段になるものは、下一段活用と呼ばれます。

上一段活用、下一段活用、そしてカ行変格活用「来る」は、可能の意味を表すときに、助動詞「られる」をつけます。

「起きられる」「逃げられる」「来られる」とするわけです。

このときに「起きれる」「逃げれる」「来れる」と、必要な「ら」を飛ばしてしまう誤りが、ら抜き言葉です。

② れ足す言葉

れ足す言葉とは、「飲めれない」のように、本来「れ」を入れるべきでない箇所に「れ」を入れてしまう表現のこと。

打消の助動詞「ない」をつけるとき、「ない」の直前がア段の音になる動詞は、五段活用に分類されます（「行く」に「ない」をつけて「行かない」、「読む」に「ない」をつけて「読まない」など）。

五段活用の動詞で、可能の意味を表す場合、「行ける」「読める」のように形を変えます。それで十分なのに、可能の助動詞「れる」を余計に加え、「行けれる」「読めれる」としてしまう誤りが、れ足す言葉です。

③　さ入れ言葉

正しくは「読ませていただきます」と表記すべきところを、「読まさせていただきます」とするように、余分な「さ」を入れてしまうのが、さ入れ言葉です。

使役の助動詞である「せる」「させる」は、それをつける動詞の活用の種類によって使い分けがあります。

五段活用の動詞や、サ行変格活用の動詞「する」には「せる」、上一段活用と下一段活用の動詞、カ行変格活用の「来る」には、「させる」をつけるのです。

したがって、下一段活用の「食べる」を「食べさせる」とするのは正しいのですが、五段活用の「言う」を「言わさせる」とするのは誤りです（正しくは「言わせる」）。

とくに、敬語の謙譲語として使用されている「〜せていただく」「〜させていただく」に関する誤りが目立ちます。

「〜させていただく」の直前にア段の音が来ていたら、さ入れ言葉、誤りです。「私が行かさせていただきます」「先に帰らさせていただきます」などと書かないよう気をつけましょう。

「知ってる」「しちゃう」などのくだけた語尾はNG

④　くだけた語尾表記

本来は「知る」＋「て」＋「いる」で「知っている」なのに、「知ってる」と表記している例を見かけます。口語ではそう発音するかもしれませんが、書き言葉では正確に書きましょう。

✕ それじゃ（あ）　▼　○ それでは

✕ しちゃう　▼　○ してしまう

✕ やっといた　▼　○ やっておいた

✕ 言えるんです　▼　○ 言えるのです

以上に挙げた言葉の乱れは、ビジネスで使ってしまうと、一気に信頼を失ってしまいます。

とくに丁寧に書こうとするあまり、「れ足す」や「さ入れ」言葉になってしまうこともあります。しっかりと意識するようにしましょう。

第4章

ここまで文法に気を配れれば完璧!

Basic Works of Writing

Basic works of Writing

20

「全然」と来たら「ない」と来る。呼応の副詞の掟

!

セットで使う表現は暗記を

「全然アリ」「おそらく来る」「まるで○○だ」どれもミス

× 彼はおそらく来る。

この文には不十分な点があります。「おそらく」と推測する言葉をつけているにもかかわらず、「~だろう」「~かもしれない」などの文末になっていないのです。**「おそらく」を使うのであれば、「彼はおそらく来るだろう」のように、セットが完成していなくてはならない**のです。

こうした言葉を「呼応（陳述）の副詞」と言います。この言葉が使われているときには、後ろに決まった表現が来ます。

・全然（まったく、断じて、決して）~ない
・必ずしも（あながち）~ない
・たとえ（万一）~ても

・ぜひ〜たい（〜して欲しい）

などが、呼応の副詞に当たります。

会話では、「全然アリだと思います」という表現も使われています。しかし、ルールに照らせば、望ましくない言い方なのです。**「全然」や「まったく」は原則として、打消表現とセットで使いますから、「全然問題ないと思います」（「全然」と「ない」が呼応）とするほうが、違和感を与えにくい**でしょう。

実際の使用例を調べてみると、戦前の文豪らも「全然＋肯定表現」を用いているようです。ただ、あまり文法という概念・意識のなかった時代と、現代とでは、状況が異なります。

文法ミスを問題視する人から、いちいち指摘されるのも面倒なことです。呼応の副詞は組み合わせて使うほうが無難でしょう。

必ずセットで使う呼応の副詞

呼応の型	例文
おそらく〜だろう	おそらく来年の出店になるだろう。
ひょっとすると〜かもしれない	ひょっとすると、競合になるかもしれない。
まるで〜ようだ	まるで現地を実際に訪れたかのような満足感を味わえる。
もし〜たら・なら・ば・ても	もしできるなら、直接伝えたい。
たとえ〜ても	たとえ可能性が低いとしても、起こりうるリスクには対策を立てる必要がある。
あらかじめ〜ておく	あらかじめお釣りを用意しておく。
全然〜ない	全然成果の出ない努力は無意味だ。
必ずしも〜ない	必ずしも上手くいくとは限らない。
一概に〜ない	その企画も一概に失敗であったとは言えない。
どうか〜ください	どうか早めにご入金ください。
ぜひ〜たい・てほしい	ぜひ御社にお願いしたく存じます。
どうして・なぜ〜か	どうしてヒットしたのか。

Basic works of Writing

21

稚拙に見える文章はたいてい「こと」を多用している

!

同じ言葉が繰り返されると
内容が頭に入って来ない

「先方のことを調べることを欠かさないこと」

> ✕先方のことを調べることを欠かさないことは重要である。

この文は、たった25字です。その中で、「こと」が3回も登場しました。この「こと」は形式的な名詞で、実質的な意味はありません。「こと」を使う必然性がない中で、3回も続くと、煩わしい感じがします。

「こと」は便利で使いやすい語で、つい多用してしまうかもしれませんが、いくつも連続すると読みにくいばかりでなく、稚拙な印象になってしまいます。

実際、「先方のことを」の「こと」は、取り除いて「先方を」と書いても意味は変わりません。

「調べること」も、「調べる」に「こと」をつけて名詞句にしていますが、これは、熟語で「調査」と書けばすむことです。同じ文、**同じ段落の中に、何度も同じ言葉が出てきたら、類語に置き換えたほうが良い**ですね。そうすれば、

○先方の調査を欠かさないことは重要である。

となり、「こと」が1回の、すっきりと読みやすい文ができあがります。**不要なら取り除く、直せるなら熟語に直す、という形で「こと」は減らしましょう。**

ほかに、

×出かけることを好きなことが幸いです。

○出かけることを好きなのが幸いです。

○出かけるのを好きなことが幸いです。

というように、「こと」を、名詞の代わりになる「の」に改める方法もあります。少しくだけて見えるので、改まった文では「外出を好きなことが幸いです」のように熟語を組み合わせましょう。

言葉のダブりの解決方法とは？

■ 省略の例

NG

取引先を調査することを欠かさないことは重要である。

▼

OK

取引先の調査を欠かさないことは重要である。

■ 言い換えの例

NG

私からお客様に謝罪を言いました。頭を下げた後、
詳しい事情を言いました。
しかし、お客様は「納得しない」と言いました。

▼

OK

私からお客様に謝罪を伝えました。頭を下げた後、
詳しい事情を説明しました。
しかし、お客様はご不満の様子でした。

書き終えたら必ず読み返して、
繰り返しの表現がないかチェック

省けないか、別の言葉で言えないか考える

重複（ダブり）が煩わしいのは、「こと」に限りません。同じ形式名詞の「もの」も同じですし、それ以外の言葉でも同様です。

ほかにも、同じ言葉が続いてイマイチな印象になっている例を見てみましょう。

> ✕ 私からお客様に謝罪を言いました。頭を下げた後、詳しい事情を言いました。しかし、お客様は「納得しない」と言いました。

この文章では「言う」が重複し過ぎて、稚拙に見えます。次のように改めたほうが内容もよく伝わるでしょう。

> ○ 私からお客様に謝罪を伝えました。頭を下げた後に詳しい事情を説明しました。しかし、お客様はご不満の様子でした。

取り除いたり、置き換えたりすることで、言葉の重複を避ける。同じ文、同じ段落の中で、何度も同じ言葉を使わない。そうすることで、しつこいとか、稚拙だとかいう印象を与えずにすむのです。

読み返し、表現をより良くしようと言葉を探す習慣をつけましょう。ウェブ上で使える類語辞典なども便利です。

Basic works of Writing

22

「面談と、企画書を仕上げます」品詞の不統一で損をする

!

名詞、動詞、形容詞の
違いを意識して書く

名詞表現と動詞表現の区別をつける

言葉には、名詞・動詞・形容詞など、様々な種類の語があります。動詞は動作を示す言葉（ウ段で言い切り）、形容詞は様子を表す言葉（「い」で言い切り）ですね。そうしたカテゴリー分けを品詞と呼んでいます。

普段これらの品詞を意識して使うでしょうか。おそらく会話で使う際にはほとんど意識することはないと思います。

しかし、文章では、品詞に無頓着だと、おかしな文章になってしまうことがあります。この項目で少し注目してみましょう。

> ✕ 本日の予定は、面談と、企画書を仕上げます。

この文には、書き言葉では避けたほうがいいミスが含まれています（口頭報告であれば、聞き流されてしまうかもしれませんが……）。

✕ 本日の予定は、面談と、企画書を仕上げます。
（名詞表現）（動詞表現）

このように、並列を意味する「と」という語でつないでいるのに、品詞が揃っていません。この場合は、

○ 本日の予定は、面談と企画書の仕上げです。［名詞表現で統一］
○ 本日は、面談をし、企画書を仕上げます。［動詞表現で統一］

のように、どちらかでまとめたほうがすっきり読みやすくなります。

プロも間違いやすい「～たり」の使い方

よくやってしまいがちな不統一の誤りは、ほかにもあります。次の文章を見てください。

✖ 我々は、DMを送ったり、セールを開くことで、在庫を売り切ろうとした。

この文にも不統一があります。「チラシを配る」「セールをする」というふたつの動作が並べられていますが、並列を示す助詞「たり」が、片方にしかついていません。

〇 我々は、DMを送ったり、セールを開いたりすることで、在庫を売り切ろうとした。

「セールを開くことで」の部分にも「たり」を入れて、「〜たり、〜たり」という並列の形を完成させたことで、収まりの良い文に整えることができました。

書き言葉の場合、ふたつ以上を並べる際に、品詞が揃っていないと違和感を生じさせます。その違和感が、文章全体に対する疑問符につながってしまったら、損ですよね。ちょっとしたことですが、そのちょっとしたことを守ることで、印象が守られるのです。

Basic works of Writing

23

敬語に困ったときは「万能の文末表現」でしのぐ！

!

敬語はビジネスの基本!
文章は会話よりもさらに注意が必要

尊敬語と謙譲語を混同する人が多い

敬語は相手に敬意を示し、コミュニケーションを円滑に進めるためのものです。正しい敬語を使うことは、読み手に対しての敬意そのものですが、敬語がニガテという人も多いのではないでしょうか？

ビジネスでは、会話はもちろん、メールでも文章でも敬語を使う機会が多くあります。文章は形に残ってしまう分、恥ずかしい間違いは避けたいものです。

一番はっきりわかってしまう間違いは、尊敬語と謙譲語の間違いです。

・尊敬語　敬うべき人物の動作に用いる
・謙譲語　自分や自分側の人物の動作に用いる

以上が原則で、基本的にはそれぞれの動詞に、

・尊敬語　お（ご）～になる、（お（ご））～なさる、～（ら）れる

・謙譲語　お（ご）～する、お（ご）～申し上げる、お（ご）～いたす

をつけます。次のように使い分けます。

渡す　→　尊敬語　お渡しになる、お渡しなさる、渡される

　　　→　謙譲語　お渡しする、お渡し申し上げる、お渡しいたす（「お渡しいたす」だけでは違和感があるかと思いますが、丁寧語を組み合わせ、「お渡しいたします」というのはよく見る形です）

「～ていらっしゃる」と「～ております」

ややこしく感じられるのは、「食べる」→「召し上がる」「いただく」のように、尊敬語と謙譲語になるとき、特別な形になる動詞です。これを混同し、

× 当日は料理を用意しておりますので、どうぞいただいてください。

○ 当日は料理を用意しておりますので、召し上がってください。

× お客様の申されます通り
○ お客様のおっしゃいます通り

などとしてしまうのは、露骨な敬語の間違いですので、気をつけましょう。次のページに尊敬語と謙譲語の言い換え表を載せましたので、いずれも覚えておいてください。

どう尊敬語・謙譲語に直していいかわからず、困ってしまったときには、万能の文末表現を覚えておくと、しのぐことができます。

尊敬語（相手側の動作）なら「〜ていらっしゃる」、謙譲語（自分側の動作）なら「〜ております」を覚えておけば、たいてい何とかなります。

たとえば、「知っている」の尊敬語「ご存じである」や謙譲語「存じる」がどうしても思い出せなかったときには、「知っていらっしゃいますか？」「知っております」とすれば、乗り切ることができるわけです。

謙譲語に言い換える場合

■謙譲語＝自分や自分側の人物の動作に使う言葉

元の言葉		謙譲語
言う	→	申し上げる、申す
いる	→	おる
行く・訪ねる	→	参上する、伺う、参る
する	→	いたす
思う	→	存じる
食べる・飲む	→	いただく
知っている	→	存じ上げる、存じる
もらう	→	いただく、たまわる、頂戴する
見る	→	拝見する
見せる	→	お目にかける、ご覧に入れる
会う	→	お目にかかる
知らせる	→	お耳に入れる
聞く	→	承る、拝聴する
質問する	→	伺う
あげる	→	差し上げる、献上する
借りる	→	拝借する

尊敬語に言い換える場合

■尊敬語＝敬うべき人物の動作に使う言葉

元の言葉		尊敬語
言う	→	おっしゃる
行く・いる	→	いらっしゃる
来る	→	お越し（お見え）になる、いらっしゃる
着る	→	お召しになる
する	→	なさる
食べる・飲む	→	召し上がる
知っている	→	ご存じである
くれる	→	くださる
見る	→	ご覧になる
寝る	→	お休みになる
買う	→	お求めになる
座る	→	おかけになる

過剰敬語はむしろ失礼になる

さて、小ずるい技をお教えしたところで、敬語問題の応用編も。少しレベルアップしましょう。まずは、こちらをご覧ください。

> ✕ お送りした資料はご覧になられましたか？

口頭などでは許容されてしまいそうですが、文法上おかしい部分が含まれています。どのように直せば良いでしょうか？

この例文では、尊敬の動詞「ご覧になる」＋尊敬の助動詞「〜れる」がふたつ重なっています。**尊敬表現を2回重ねることは過剰敬語と言われ、現代語の文法では誤りとされます**。「ご覧になりましたか」「ご覧ください（いただき）ましたか」と直す必要があります。

なお、過剰敬語に限らず、過剰に恐縮した言葉遣いはNGです。卑屈な印象で、かえって煩わしく思われかねません。たとえば、添付ファイルを再送してもらうだけな

のに、

> ✕ 大変お手間をおかけして誠に心苦しいのですが、もしお時間が許すようでしたら、先日お送りいただいたファイルを改めて当方にお送りいただけませんでしょうか。

などとメールが来たら、丁寧なのに少し鬱陶しいですよね。シンプルに「お手数ですが、先日のファイルを再送願えますか」で良いのです。

また、次のような文はいかがでしょうか。

> ✕ 10時以降、控室をご使用できます。

どこがおかしいか、おわかりでしょうか。

可能の意味を外した、元の形に直すとわかりやすいでしょう。

「控室をご使用します」、これでは「ご〜する」という謙譲語の形です。「ご〜にな

る」に改め、

○10時以降、控室をご使用になれます。

とするのが正解です。

こうした誤りだけでなく、敬語は使い過ぎても誤りとなり、丁寧どころか失礼になってしまうということをぜひ覚えておいてください。

敬語は使い過ぎもNG!

過剰敬語の例

✕ ご覧になられましたか

「ご覧になる」+「〜れる」はどちらも尊敬表現

○ ご覧になりましたか

✕ 先方の部長様がおっしゃられていた

役職に様はつけない

「おっしゃる」+「〜れる」はどちらも尊敬表現

○ 先方の部長がおっしゃっていた

✕ おわかりになられたでしょうか

「お〜になる」+「〜れる」はどちらも尊敬表現

○ おわかりになったでしょうか

✕ 資料を拝見し申し上げました

「拝見する」+「申し上げる」はどちらも謙譲表現

○ 資料を拝見いたしました（拝見しました）

「丁寧に伝えよう」と意識し過ぎて
過剰にならないよう注意

Basic works of Writing

24

漢字は文章全体の3割が上限

!

文章のプロは漢字をあえて減らす

意識的にひらがなをつくる4つのポイント

よむ人のことをおもいやり、できるだけやさしいいいまわしで文章をしあげたほうがよいですが、あまりにもひらがなばかりの文章はかえってよみにくく、やめたほうがよいでしょう（この文も、ひらがなばかりの悪い例です。いかがでしょうか、ちょっと読みづらいですよね）。かと言って、漢字ばかりというのも考えものです。

> ✕ 此の事業は問題山積です。暫くして皆が問題に気づいた時には、最早手遅れである事が懸念されます。未だ危機感が足りて居りませんので、訴えて行きます。

ちょっと極端な例ではありますが、読みにくい文章ですね。原因を分析してみましょう。

①「此の」「暫くして」など、一般的にひらがなで表記する言葉まで漢字にしている

②「問題山積」「懸念」という堅苦しい表現を選んでいる

③「足りて居りません」など補助的な動詞の部分まで漢字にしている
④「時」「事」という形式名詞の部分まで漢字にしている

①②に関しては、読み手をイメージしながら、適切な難易度の表現を選びましょう。

③に関しては、ほかにも「わかって居る」「呼んで見る」「笑って仕舞う」「知って貰う」「代わって下さる」「渡して置く」などの例が見られます。これらの後半部分（「〜ている」など）は、ニュアンスを補っているだけです。補助的な役割なのですから、いちいち漢字に直して存在感を出す必要はありません。

しかも、「呼んでみる」を「呼んで見る」と変換すると、「呼んで、（その呼んだ者を）見る」という意味に誤解されかねません。

同様に、④の形式名詞もひらがなで十分です。**動詞の後などにつく「とき」「こと」「ところ」「はず」「つもり」「もの」などのことですが、これらはひらがなにしたほうが、文章の意味も理解しやすいですし、見た目のバランスも良くなります**。

パソコンなどで文章を作成していると、必要以上の漢字変換をしてしまうことがあります。漢字をやたら多用することが知性ではありません。イメージは、漢字3：ひらがな7。バランスの良い文章を書きましょう。

ひらがなで表記する4つのパターン

① 一般的にひらがなで表記する言葉

例　此の➡この　　未だに➡いまだに
　　最早➡もはや　　暫く➡しばらく　　など

② 難しい・堅苦しい表現

例　問題山積、懸念、当該、従前、思料　　など

③ 補助動詞

例　見て居りません➡見ておりません　～して見る➡～してみる
　　～して居る➡～している　～して行きます➡～していきます
　　など

④ 形式名詞

例　（動詞の後につく）とき、もの、こと、ところ、つもり など

「漢字：ひらがな」は「3：7」が読みやすい

Basic works of Writing

25

思わずのけぞる「きれかった」「すごいきれい」

!

連用形・連体形など
適切な形に変換する

形容詞の活用の基本をおさらい

✕A「あの先輩みたくなりたいと思って努力してきた」
✕B「いやー、あのデザイン、きれかったね」

どちらも、私自身が仕事をする中で耳にした発言です。どちらも「ん?」と引っかかり、内容が後回しになってしまいました。いかがでしょうか。あなたは違和感を持ちましたか?

これらの文がおかしいのは、活用が不正確であるからです。**活用というのは、動詞や形容詞、形容動詞、助動詞の語尾を適切な形に改めること。**後ろの言葉に自然につながるように形を変えることです。中学校の国語の授業で、「かろ、かっ・く、い、い、けれ、〇」などと唱えた記憶があるかと思います。

今回のAは助動詞「みたいだ」、Bは形容動詞「きれいだ」を使っているのですが、どちらも「~だ」を基本形とする言葉で、形を変える場合、「だろ、だっ・で・に、

だ、な、なら、○」という表に従うため、正確には、

○A「あの先輩みたいになりたいと思って努力してきた」
○B「いやー、あのデザイン、きれいだったね」

という変わり方をするはずなのです。

ネットスラングは仲間内だけで

活用の間違いは、陥りやすいミスが決まっています。

前項のほかには、「すごい美しい」のようなミスが多いですね。「すごい」という形容詞は、動詞・形容詞・形容動詞にかかる場合、「すごく」という連用形を用いるべきです。したがって「すごく美しい」となるのが正解ですね。

なお、名詞に係るときは「すごい」という連体形を用いるので、「すごい美しさ」は間違いではありません。

OKとNGの例で見てみましょう。

	連体形	形容詞	連体形	形容動詞	連体形	動詞
×	すごい	楽しい、	すごい	元気だ、	すごい	知られている
	連用形		連用形		連用形	
○	すごく	楽しい、	すごく	元気だ、	すごく	知られている
	連体形	名詞	連体形	名詞	連体形	名詞
○	すごい	美しさ、	すごい	作品、	すごい	人

また、インターネット上では、「美しいが過ぎる」「美しい過ぎる」（正確には「美し過ぎる」）「眠み」（正確には「眠さ」「眠気」）など、独自の活用に基づいた表現が見られます。**仲間内のスラングとして楽しむ分にはいいのですが、こうした言い回しが、うっかり書き言葉に紛れ込まないよう気をつけましょう。**くだけた、いい加減な印象になりかねません。

Basic works of Writing

26

それ、これ、前者、後者、前述のように……何のこと？

!

読み返すストレスを与えない

9 回出てくる「それ」が皆違うものを指す!?

「傍線部① 『その概念』 とありますが、その内容を次の選択肢から選びなさい」

受験生の頃、右のような問題を解いた記憶はありませんか？　こうした試験問題がなぜ存在するかといえば、指示語の解釈は意外に厄介なものだからです。書き手本人は「当然わかるだろう」と思って書いていても、読み手からすれば理解しにくいケースもあるのです。

入試問題で使われるようなプロの作家が書いた文章ですら、指示語の解釈は難しいのです。文章のプロではない人が安易に指示語を多用してしまうと、より混乱が起きやすいでしょう。

一読しただけでは、すっと理解しにくい文章でも、それが試験問題であれば、皆、頑張って理解しようとします。前に戻ったり何度も読んだりして、なんとか正確に理解しようとします。

しかし、メールなどの実生活の文章の場合はどうでしょうか？　何度も読み返して理解しようとまでは思いませんよね。

広告やパンフレットの文章の場合、「わからない」「読みにくい」という感覚はそのまま、サービスや商品の不選択につながります。ウェブページでも、ストレスのかかる文章はすぐに、「閉じる」ボタン、「戻る」ボタンを押されてしまいます。

意識したいのは、「リーダビリティ」という言葉です。文章の読みやすさという意味です。指示語が多過ぎると、リーダビリティは下がります。

✖ 山田部長は、新商品Aの販売促進策として、それのサンプルを無料で大量頒布することを提案した。それは、商品企画部出身の彼が提案しそうなことである。実際にそれを使ってもらえば、それの良さはわかるという自信である。それは確かに効果的な施策であろうが、それは、それが半年以内に○円以上売り上げないと、割に合わない。それは人気になりそうな商品であるが、さすがにそれは不確かなことである。

この文章、「それ」ばかりで、読みにくいと思いませんか?

「それ」が「新商品A」を指していることもあれば、「サンプルの大量頒布」「半年以内に○円以上に売り上げる」という内容を意味していることもあり、読み手を混乱させてしまうでしょう。同じ指示語の多用は避けましょう。

また、**段落をまたいだら、「それ」などの指示語、「彼」などの代名詞を使うのは避け、もう一度、元の言葉を書いたほうが良い**でしょう。

指示語はできる限り使わない

リーダビリティの観点からは、オススメしない指示語が、「前者」「後者」です。書き手の側は、繰り返しを避けて効率化したつもりでしょうが、読み手の側で「あれ、前者って何だったっけ?」という引っかかりが生じやすいのです。それでは意味がありません。戻る手間、読み返すストレスのない文章を目指しましょう。

ほかにも、プレゼン原稿などで、「先ほど述べたように」「前述のように」「先ほど説明した通り」といった表現がよく使われます。

しかし、頻繁に使ってしまうと、相手は「何のことだっけ?」と混乱してしまいます。**「先ほど述べたように、○○とは□□のことでした」などと、改めて解説を入れると親切**です。

ちなみに、「そんな」「こんな」という、「ん」の入る指示語はくだけた印象を与えます。「そのような」「そうした」「このような」「こうした」のようにすると、改まって見えます。

指示語を多用すると……

指示語の例

あれ、それ、これ、あそこ、ここ、そこ、
そのように、このように、そうした、こうした、
前者、後者、彼、彼女　etc.

指示表現の例

先ほど述べたように～
前述のように～
先ほど説明したように～
2点目に述べていた問題ですが～
最初にもご説明した通り～　etc.

↓

かえって、読み手は混乱してしまう!

段落をまたぐ場合は説明し直す

第 5 章

説得力をアップさせる表現テクニック

Basic Works of Writing

Basic works of Writing

27

書き方ひとつで人を動かすことができる

!

表現力はセンスではない。
誰でも今から磨ける

「年賀状は贈り物」で買う気になる

年賀状は、贈り物だと思う。（岩崎俊一、二〇〇七年）

私が忘れられないコピーです。

これは年賀葉書の販促用のコピーですから、要は「年賀状を買え」と言いたいわけですが、「年賀状を買え」と言われても買う気にはなりませんよね。かと言って「年賀状を送るのはマナーである」などと説教をされても、気持ちが萎えてしまいます。「年賀状は、贈り物だと思う。」というコピーは、誰もが感じたことのある、年賀状をもらったときの嬉しさを思い出させます。そして、それを送る側の目線として、押しつけがましくなく表現しました。今年は（今年も）年賀状を出したいな、という気持ちが自然に引き出され、年賀葉書を買いたくなります。

こうして**言葉は人の気持ちを動かし、ときに、実際の行動を導きます。広告でも企画書でも、人を動かしてこそ、その文章に価値が生まれます。**

行動を促す説得力には、３つの要素があります。

WHO　……　誰が言うか（人）
WHAT　……　何を言うか（内容）
HOW　……　どのように言うか（表現）

カリスマモデルであれば、シンプルに「この化粧品、オススメだよ」と言うだけで、人々を買いに走らせることができるでしょうし、話の内容自体がセンセーショナルなら、誰がどう言おうが、人は注目します。説得力に関して、WHOとWHATの力は強力なのです。会議でも、社長やベテランの人の言葉であれば、たとえめちゃくちゃな言い方でも、皆、従うものですが、経験の浅い若手の発言は、聞き流されがちです。

WHOとWHATは重要ですが、ほとんどの文章作成において、書く人と書くべき内容は決まっています。WHOとWHATは動かせないのです。

そうした中で、より説得力を出そうとするなら、HOW、つまり表現力を磨く必要があります。**同じ内容であっても、説得力のある「表現力」を身につけることができると、仕事をしていく上で大きな武器となる**のです。

表現力はセンス、と考えられがちですが、具体的な技術として学んでいきましょう。

内容は同じでも、伝え方次第で大違い！

⇩

相手を動かす「表現力」を
学んでいこう！

Basic works of Writing

28

「そして」と「しかし」の半分は削れる

!

接続詞は5～6文に1回のペースを心がける

接続詞の入れ過ぎはかえって邪魔に

「わかりやすい文章にするためには接続詞が大事」

このような意見を聞いたことはありませんか？　たしかに接続詞は、論の展開をわかりやすくする効果があり、長い文章になればなるほど、必要になってきます。

接続詞は、文章の流れをはっきりとさせる重要な語ですが、とにかくつければいいわけではありません。

> 我々は今期、○億円の利益を出すことを目標にしていた。したがって、売上目標は●億円に設定していた。しかし、売上はそこまで見込めないことがわかった。なぜなら、かき入れ時のはずの10月に悪天候が続いたからだ。そこで、コスト削減で利益目標を達成することにした。たとえば、機材運搬のルートを見直した。そして、外注していた作業の一部を手が空いた社員で担うこととした。しかし、利益目標にはわずかに届かなかった。

この文章、いかがでしたか？

すべての文頭に接続語がついているのですが、そのせいで、かえって不自然な文章になってしまっています。

文章をわかりやすくするはずの接続語も、つけ過ぎるとかえってぎこちない文章になってしまうのですね。なめらかに読みやすい文章では、5～6文に1回出てくるかどうか、という頻度です。

接続語を使わなくても、同じ内容を表すことは十分に可能です。

○ 我々は今期、○億円の利益を出すことを目標にし、売上目標は●億円に設定していた。かき入れ時のはずの10月に悪天候が続き、売上がそこまで見込めないことがわかったので、コスト削減で利益目標を達成することにした。機材運搬のルートを見直し、外注していた作業の一部を手が空いた社員で担うこととした。残念なことに、利益目標にはわずかに届かなかった。

このほうが、ブツ切りではなく、なめらかな文章です。

逆接が多いのは話の揺れの危険サイン

接続語の多用の中でも、「しかし」「だが」などの逆接の接続詞が頻発するのは問題です。逆接の連続は、話があっちに行ったりこっちに行ったりと、揺れているサインだからです。

意見A。
しかし、意見B。
とは言っても、意見A。
だが、意見B。

こういう状態に陥っている可能性があるのです。

意見A。
しかし、意見B。

このように、似た意見を1ヶ所にまとめ、1セットで終わらせましょう。

「なぜなら」「つまり」「むしろ」で考えを深める

最終的な完成段階の文には多用しないほうが良いとしても、**接続語は、意見を整理したり、掘り下げたりするのに大きな力を発揮しますので、途中過程では積極的に活用してみてください**。

主張を書いたら、セットで「なぜなら」という接続語を思い浮かべるようにすれば、根拠を書く癖がつきます。

「つまり」という接続語を意識すれば、意見を端的にまとめることができます。

悲観的になっている中で、「むしろ」という接続語を意識すれば、打開策が見えてくるかもしれません。

このように、考えるヒントとして、接続詞を活用しましょう。

接続詞一覧表

役割	例	使い方
順接	だから、そこで、したがって、すると	前の内容が原因・理由になって、後の内容が結果・結論を示す
逆接	しかし、だが、ところが、でも、それにもかかわらず	前の内容から予想される内容とは、逆の内容が来る
並列・添加	および、また、並びに、その上、なお、しかも、さらに、そして	前の事柄に後の事柄を並べたり、つけ加えたりする
選択	または、あるいは、それとも、もしくは	前後の事柄のどちらかを選ぶ
説明・補足	なぜなら、ただし、たとえば	前の事柄に後から説明をつけ加える
換言	つまり、すなわち	同じ内容を別の言葉で言い換える
転換	さて、では、ところで、それでは	話題を切り替える

接続詞の使い過ぎは
かえって混乱の原因に

Basic works of Writing

29

「思われる」「言われている」は単なる責任逃れ

!

データに基づいた事実を
「断定的に」書くのがベスト

根拠の曖昧なことは自分の見解として書く

２０１６年頃から、フェイクニュースという言葉が取り沙汰されるようになりました。虚偽情報に基づくニュースのことで、米大統領選のときには報道機関を装ったサイトで、ある候補者を貶める虚偽情報が発信され、広く拡散されてしまいました。この語が広まる前から、デマや根も葉もない噂、あやしげな情報は多くありました。憶測で書かれた文章が独り歩きし、事実だと受け取る人が出てきていたのです。

日本でも、ＷＥＬＱというヘルスケアサイト（現在は閉鎖）が問題になりました。「肩こりの原因は守護霊」など、医療や健康に関し、科学的な根拠のない、あやしい情報が無数に掲載されていたのです。

このサイトで多用されていたのが、「〜と、言われています」「〜そうです」のような、断定しない文末です。曖昧にして責任の所在をごまかしていたのです。

皆さんも無意識にこのような表現を使ってしまっていませんか？　**確証が持てないときなど、曖昧な文末表現を使いたくなるのですが、多用すると、文章全体があやし**

く見えてきてしまいます。とくにビジネスの場では、曖昧な表現は好まれません。

「それはきちんとデータやソースがあることなのか」

「いったい誰がそう言っているのか」

と相手に疑問に思われてしまうような文章では、信頼を得ることはできません。

「～そうだ」などの言葉や「～らしい」「～と思われる」「～が求められて（期待されて）いる」などの曖昧な文末を書いてしまったら、一度立ち止まりましょう。あやしげな情報で、重要な判断をしてしまっては、大きな過ちにつながります。

正確な文章を集め、できる限り、事実を断定的に書くようにしたいものです。不確かで、言い切れないときには、裏づけを取る習慣をつけてください。

どうしても根拠の曖昧なものは、

・私見であるが
・～ではないだろうか
・～と考える

などと、あくまで自分の見解であることを明確にして書きましょう。

「思われる」「～そうです」と書いていませんか?

✕ 曖昧な表現

商品Aの売上が下がったのは、景気の冷え込みが原因と思われます。B社でも同様に売上が落ちているそうです。

ちゃんとデータがあるのか!

○ データに基づいた確実な表現

商品Aの売上が下がったのは、C社の値下げ戦略が原因です。価格を20%下げたことで、同社の商品は前月比150%を達成しており、顧客が流れたのです。

なるほど!
それなら対策を打たないとな

情報が確実かどうか、
裏付けを取ってから書く習慣を

Basic works of Writing

30

伝えづらいことはクッション言葉で「人情」をにじませる

!

誠意・恐縮・謙虚の気持ちを
言葉に乗せる

正しさとは別に好感の尺度がある

ビジネスを進める上では、ときに伝えづらいことも伝えなくてはなりません。たとえば、これまで続けてきた契約を更新しないとか、提示された金額より安くしてほしいとか、決まりの悪いことでも、伝えなくてはならないのです。

お断りや無理なお願いなど、伝えづらいことを伝えるとき、覚えておきたいスタンスが「義理人情」です。まとめて使われることが多い言葉ですが、実は「義理」は理屈や道理、「人情」は人間の感情であり、「義理」と「人情」は別の概念です。

まずは、契約上の決まりであるとか、先約が入っているとか、「義理」の面を、客観的・論理的に説明しましょう。

ただし、それだけでは、ドライで冷たい印象になりがちですので、前後に「人情」をにじませるのです。

そうすれば、「この契約は切られてしまったけれど、また何かご縁があればいいな」などと思ってもらえるのです。正しいか否かとは別に、好感の尺度があるのですね。

人情を感じさせるのに便利なのが、クッション言葉です。
たとえば、何かを断るときは、次のような言葉をつけて、残念さをにじませます。

・あいにくですが
・せっかくの機会なのですが
・お手伝いしたいのはやまやまなのですが

個人的な気持ちとしては、ぜひともお手伝いしたいものの、組織的な事情で難しいのだ、と伝えることで、今後の人間関係が気まずくなるのを防ぎます。

「あいにくですが」「恐れ入りますが」の効用

何かを頼むときは、次のような言葉をつけて恐縮する気持ちをにじませましょう。

・恐れ入りますが
・このようなことをお願いするのは心苦しいのですが
・大変お手間をおかけしてしまうのですが

クッション言葉の有無で、印象が変わる!

そのまま伝える
先日の資料の修正をお願いします
クッション言葉を挟む
大変お手間をかけてしまうのですが、先日の資料の修正をお願いできますでしょうか

遠慮する気持ちを示すには、ほかに、文末を変える方法があります。**「~してください」と言わずに、「~していただけますでしょうか?」「~していただけないでしょうか?」のような疑問文で、相手の意向を尋ねるようにするのです。**

ほかにも、「~していただけましたら幸いです」「~していただけますと幸甚に存じます」のようなやわらげ方もあります。

こうして人情をにじませることで、誠実で謙虚な姿勢を伝えるようにしましょう。乱暴な伝え方、横柄な伝え方をしていると、今後の関係や世間での評判にも関わります。

Basic works of Writing

31

読み手に合わせた文体の引き出しをたくさん持つ

!

「この文章コピペ?」
と思われたらオシマイ!

お礼も「ありがとう」「感謝申し上げます」と数通り

表現が大事と聞くと、読み手の心を打つような文章を書くことと考えていませんか。第1章でも触れた通り、ビジネスでは名文や詩的な表現は求められていません。

では、ビジネスで必要な「表現力」とはどのようなものなのでしょうか。

表現力とはカメレオン力。私はそう考えます。

小難しい文章を書けること、詩的な文章が書けることが表現力ではありません。引き出しをたくさん持っていて、状況に合わせて最適な文体で書ける力が必要なのです。

もちろん、上品で丁重な言葉遣いをマスターすることも重要です。ただ、もう何年ものつき合いのある取引先に、あまりに改まった言葉遣いで連絡すると、むしろ相手の気を害しかねません（こういう状態を慇懃無礼と言います。あまりに丁寧過ぎると、かえって嫌味で誠意が感じられなくなること。）。

たとえば、打ち合わせの際に、手土産のお菓子をもらい、そのお礼を伝えるとしましょう。同じシチュエーションでも、相手や状況によって言葉遣いは変わります。

○同部署で、年の近い先輩に対するＬＩＮＥ
お菓子、ありがとうございました！　美味しかったです♪

○社内の相手、長年のつき合いのある取引先
素敵なお菓子、ありがとうございます。美味しくいただきました。

○初対面の相手
お気遣いをいただき、かえって恐縮しております。

○とくに気を遣う相手で、手書きのお礼状を出す場合
格別のお心遣いを賜りましたこと、心より御礼申し上げます。

同じ相手でも、状況や用件によって言葉遣いは変わります。その調整力こそ表現力

つき合いの長い取引先にお礼を伝えるとき……

です。

「親しき中に礼儀あり」ということわざがありますが、親しい相手であっても、謝罪の場面では、改まった表現を使わなくてはならないでしょう。

文脈・状況をきちんと見据えましょう。

Basic works of Writing

32

誰でもわかる平易な文を書けるのは頭の良い証拠

!

読みやすい文章が書ける人
＝気遣いができる人

難しいことを難しく書くのは簡単

「良い書き手とは、難しい文章が書けること」。このように考えていませんか？ カタカナ語や難解な語句を駆使できてこそ一流、という誤解をしている人が多いように感じます。

作家・脚本家の故・井上ひさしさんは「むずかしいことをやさしく」をモットーにしていました。難しいことを小難しく書くのは、実は簡単なのです。難しいことをやさしくわかりやすく伝えられるのが、上手い書き手ではないでしょうか。

読み手にとって、難しい文章には2種類あります。

ひとつ目は、ヘタな文章です。何を言っているかわからず、読み解くのに非常に苦労します。これは論外ですね。

ふたつ目は、難解な言葉が多用されている文章です。**ビジネスの文章は一読ですっと理解できるレベルの語彙、言葉遣いで書くべき**です。

私が以前ある小説を読んでいるとき、

・鼎峙（ていじ、勢力のある三者が対立して存在すること）
・容喙（ようかい、第三者が横から口を出すこと）

という言葉が出てきました。国語講師の私でも、一瞬「ん？」となってしまいました。小説の場合、どうしてもその言葉でなくては伝わらないニュアンスというものがあるかもしれませんが、**ビジネスでは、相手にわからないかもしれない難しい言葉、古風な言葉は避けたほうが良いでしょう。**

業界用語や専門用語が紛れていないかチェック

やさしく書くように心がけている人でも、無意識のうちに、読み手には難解に感じられる表現を用いている可能性があります。

それは、業界用語、専門用語、その会社ならではの内輪の言葉などです。こうしたものが混ざっていると、読み手は混乱します。同業者同士、同部署の人間同士であれば、当たり前に通じる用語も、外の人からすれば、ちんぷんかんぷんということがあるのです。いつもの癖で、つい使ってしまっていないか、送信・提出前に読み返したいですね。

どこまでがＯＫで、どこからがＮＧか。これは機械的に決めることができません。**重要なのは、読み手を思い浮かべ、その人の立場・感覚に基づいて書くこと**です。相手の年齢、立場、経歴、環境、性格。こうした要素を踏まえて、相手にとっての読みやすさを考える。シンプルな基本ですが、これしかありません。

でも、簡単に書いたら馬鹿っぽく見えるかもしれない……。

そんな心配が浮かんだ人は、この節の初めに掲げた井上ひさしさんの言葉を見てください。難しいことをやさしく書けるのが、真の文章力であり、知性なのです。

難解な言葉を使うことが頭の良さの証ではないのですよ。

Basic works of Writing

33

国語の超プロ直伝！語彙力の磨き方

！

積極的に使っていくと、
難しめの言葉もやがて自分のものに

定型文のように同じ表現しかできないと損

文章から知性が感じられるかどうかで、説得力は変わってきます。知的さに欠ける文章では、内容の信憑性も疑われかねません。

知性の決め手は、語彙力です。言葉をどれだけ知っていて、どれだけ状況に合わせて使いこなせているか、です。

メールなどで、定型文のように毎回同じ文章しか書けないようでは損です。とくに、お願いをするときや、お礼を伝えるときなど、決まり切った言葉でしか表現できないようだと、気持ちが相手に伝わりません。どれほど感謝の気持ちを込めて書いた文章だとしても、定型文だと相手は、「ああ、適当に書いたのね」と思ってしまいます。

語彙力がないと、本来伝えたい気持ちすら伝わらないこともあるのです。

もちろん、闇雲に難しい言葉を使って文章を書く必要はありません。しかし、大の大人の書く文章が、「これはとてもすごいと思いました」のような稚拙な言葉遣いでは、あきれられてしまいます。

「平素」「厚情」「深謝」……目にしたら使ってみる

まずは日頃から次の2点を気をつけたいところです。

① 熟語表現を自分で使えるようにする
② 漢字の誤表記・誤変換、慣用句などの誤用をしない

①に関してですが、ビジネスのメール・文書では熟語表現が多く用いられます。

平素のご厚情を深謝し、皆様のご清栄を祈念いたします。

こうした熟語を目にする機会も多々あることでしょう。幸い、漢字を見れば、なんとなく意味はわかりますので、おおむね意味や用法は理解できていることと思います。ただ、なんとなく知っているだけでは語彙力として不十分です。こうした語を意識的

に自分自身の語彙の中に取り込み、ふとした場面で使えるようになっておく必要があります。

気を遣う相手にメールを送るときなどに、意識的に背伸びして難しめの言葉を取り入れてみましょう。

習うより慣れろ。使い慣れていくうちに、言葉は自分のものになります。

続いて②について。語彙力のなさが露呈するのが、誤用の場面です。「以外な事実」などと書いてあるのを見ると、「知識不足」と「注意不足」の両方のレッテルが貼られてしまいます。慣用句やことわざ、四字熟語などの誤りも同じです。上手いことを言おうとして、逆にあきれられてしまっては台無しです。**少しでも疑問を持ったら、辞書を引くようにしましょう。**

間違いやすい慣用句

意味の誤解

- **気が置けない…遠慮不要である**

✖ まだ慣れない職場だから、気が置けない。

○ 長年のつき合いで、気が置けない相手だ。

- **流れに棹さす…流れに乗っていっそう勢いを増す**

✖ 話の流れに掉さすのは良くないよ。

○ 好景気で、流れに掉さして急成長した。

- **しめやかに…ひっそりと、沈んだ様子**

✖ 二人の結婚式は、しめやかに行われた。

○ 彼の葬儀はしめやかに営まれた。

- **役不足…与えられる役目が実力不相応に軽い**

✖ 会長など、私には役不足で畏れ多くて。

○ あれだけの実力者にそれは役不足では。

形の誤解

- **雪辱を晴らす ➡ 雪辱を果たす**

「雪辱」自体が「辱めを雪(すす)ぐ」という意味なので、
「〜を晴らす」をつけると表現が重なってしまう。

- **押しも押されぬ ➡ 押しも押されもせぬ**

地位が確立し、揺るぎない、堂々とした状態のこと。
「押すに押されぬ」(押そうとしても押せない)との混同か。

ビジネスで気をつけたい表現

■熟語表現での言い換え

頑張ります ➡ 邁進いたします

お許しください ➡ ご寛恕ください

ずれがあるといけませんので ➡ 齟齬があるといけませんので

お知らせください ➡ ご教示ください

はっきりとご感想を言ってください ➡ 忌憚なきご意見をお聞かせください

まじめに取り組みます ➡ 真摯に取り組みます

予算がいっぱいある ➡ 予算が潤沢にある

恥ずかしいです ➡ 面目ありません

詰んだ ➡ 膠着状態に陥る

早過ぎる ➡ 時期尚早である（拙速に過ぎる）

■やってしまいがちな誤変換

かいとう
回答…質問に対する返事。
解答…問題を解いた答え。

しょよう
所要…必要なこと。（例）所要時間、所要の手続き
所用…用事。（例）所用で出かける

せいさん
精算…詳しく計算する。（例）交通費の月次精算
清算…過去に決着をつける。（例）関係を清算、借金を清算
成算…成功の見通し。（例）この商品には成算がある

かえりみる
顧みる…昔を振り返ったり、他人を気にかけたりする。
省みる…自分の行いを振り返り、反省する。

一騎当千《いっきとうせん》

能力や経験などが人並み外れていること。

百戦錬磨《ひゃくせんれんま》

数多くの経験を積んで鍛えられていること。

千載一遇《せんざいいちぐう》

めったに訪れない貴重な機会のこと。

虚心坦懐《きょしんたんかい》

わだかまりや先入観などがなく、さっぱりと素直な心境のこと。

上意下達《じょういかたつ》

上の者の考えや命令を下の者に伝えること。

泰然自若《たいぜんじじゃく》

落ち着いて物事に動じないこと。

覚えておきたい！ 使える四字熟語・故事成語

一蓮托生《いちれんたくしょう》

行動や運命を共にすること。連帯責任、運命共同体とも。

杞憂《きゆう》

別に心配する必要のないことを、あれこれ心配すること。

初志貫徹《しょしかんてつ》

途中でくじけずに、最初に思い立った志を成し遂げること。

率先垂範《そっせんすいはん》

自らが進んで物事を行い、他の模範になること。

蛇足《だそく》

蛇の足のように、なくても良い余計なもののこと。

本末転倒《ほんまつてんとう》

重要なことと些末なことが逆になってしまう状態。

第6章

言いたいことが100%伝わる文章構成

Basic Works of Writing

Basic works of Writing

34

下書きさえあれば本8冊分もスラスラ書ける

!

スマホを使って
空き時間に書くことも可能

構成メモを練ったら清書は一瞬

私は塾に勤めながら、本を書く仕事をしています。最も立て込んだ時期で、半年間で8冊の本を書きました。1冊で数万字。50～60万字の文章を書いた計算です。

なぜ限られた時間の中で、これだけの量を書くことができたかと言えば、それはひとえに下書きの力です。

多くの人は、下書き、清書と2回も書くのは、時間がもったいない、よけいな手間だと考えます。しかし、いきなり完成版を書こうとして、書いては消し、書いては消し、をやっていたら、かえって時間がかかってしまうのです。実は、下書きをしたほうが、早く書けるのです。

私が下書きと呼んでいるのは、構成メモのこと。**いきなり書かないで、だいたいどのようなことを書くか、構想を組み立ててから書き始める**のです。

この本を含め、本を書く場合には、最初に目次を組み立てています。各章のテーマを設定し、それぞれの章に入れる項目を決め、各項目でだいたいどのようなことを書くかを箇条書きで書き出します。ここで集中的に考える作業をやってしまいます。考える作業を先にすませてしまえば、後は、そのメモに合わせて文章を起こすだけです。考え込まなくてすむ分、一気に書き上げられるのです。長めの文章が書けずに悩んでいる人は、簡単な目次や見出しを作ってから文章を書き始めてはいかがでしょうか。

また、全体構成を考えるのはニガテだという人も、下書きという発想を取り入れてみてほしいです。

まず細部を気にせずに、殴り書きのように短時間で一気に書き上げるのです。そして、並び替えたり細部を整えたりして、完成版に近づけていきます。そうしたほうが、いきなり書くよりも、かえって短時間ですむことがあります。

知人のライターには、書きたい内容をまず口頭で話すという人がいます。ボイスメモで録音し、それを聞きながら、文章の形に整理するというのです。

私の場合、執筆に行き詰まると、よくやるのがスマホでの執筆です。目次をスマホに送り、電車などでの移動中にスマホで勢いに任せて書きます。それをパソコンにメールで送り、改めてパソコンで整えるという方式にすると、早く書き上がるのです。急がば回れ。構想メモや下書きを活用するのは、むしろ近道なのです。

この項目の実際の下書き例

- (導入) 本を早く書けたのは下書きのおかげ
- 下書きは箇条書きでOK
- 目次や見出しを先に書き出す
- スマホなどで殴り書き→清書の2段階

最初は殴り書きでもいいので
一気に書く!

Basic works of Writing

35

起承転結は文学の枠組み。ビジネスは「先に結論」が正解

!

読み手が納得できる筋道を提示する

ロジカルに話を進めていくには

「君の文章はちっとも論理的じゃないよ！」

そう叱られた経験のある人もいるでしょう。叱られたものの、どうしたら論理的になるかわからず、途方に暮れた人もいるかもしれません。

論理的である、ロジカルである、というのは、原因と結果、主張と理由などがきちんとセットになっていて、議論の筋道が明快であることです。話がいきなり飛んでしまったら、読み手はついていくことができません。

しかし、前提から一つひとつ議論を積み重ねていく文章であれば、ついていけますし、きちんと納得することができます。

論理的な文章とは、読み手が納得できるように、話の筋道が組み立てられている文章です。ですから、**1文の細部にこだわるというよりも、全体としてどのように議論を進めていくか、という文章構成が重要**なのです。

子どもの頃、文章構成の基本は「起承転結」だと聞いた人もいるかもしれませんが、それは元来、漢詩の構成を表す言葉。文学寄りの枠組みなのです。実際、

起　はじまり。前提・状況の共有
承　起から滑らかにつながる続きの部分
転　予想外な展開
結　まとめ

というように、途中で話が意外な方向に展開してしまうので、小説や脚本には効果的でしょうが、早く結論を知りたいビジネスの文章には適していません。

論理的な文章を書きたいなら、次の3点をセットで書くことを習慣づけてください。

①　主張
②　根拠
③　具体的事例

この3セットにしたがって文章を書くと、次のようになります。

①　この商品の売上を伸ばすには、新聞広告を入れるべきだ。
②　この商品はシニア向けで、この世代は新聞を購読している割合が高いからだ。
③　実際、これまで新聞広告を出した日は、それ以外の日の13倍の売上を記録している。

主張→根拠→具体例の3セットがセオリー

文章の結論となる主張を最初に書いたら、次にその根拠を続けます。単に主張を書くだけでは感情的に見えますが、根拠が伴えば論理的になり、説得力が生まれます。さらに、実際の事例やデータがあると、さらに心強いでしょう。

根拠や具体例が長くなった場合、あるいは、ダメ押しをしたい場合には、③の後に

もう一度、主張を繰り返しましょう。

①　主張
②　根拠
③　具体例
④　主張の繰り返し

この構成を守って書けば、自然と論理的な文章になります。

それでこそ、意見が違う相手にも、自分の意見を伝え、納得してもらうことが可能なのです。良い意見は、周囲を説得し、実際に形にできてこそ、価値を生むのです。

論理的な文章の展開例

① 主張

商品Aの売上拡大には新聞広告を打つべき

▼

② 根拠

商品Aはシニア向け。この世代は新聞購読の割合が高い

▼

③ 具体例

過去にも広告を出した日に、ほかの日の13倍の売上を記録している

▼

④ 主張の繰り返し

だから、商品Aの新聞広告を入れるべき

このセオリーを守れば
読み手は自然と納得する

Basic works of Writing

36

説得力のある文章に必ず入っている「反対意見」

!

予想される反論に触れておくと
主張に厚みが増す

自説を訴えるだけでは単なる独りよがり

テレビの討論番組を見ていると、ほかの人たちの話を聞かずに、自分の主張ばかりする論客がいます。人の話を遮ったり、いきなり自説を展開したりするのは、あまり知的な態度とは言えません。

本来、討論や話し合いというのは、双方向的に進められるものです。お互いに認めるべき点は認め、おかしな点には質問・反論することで、議論を深めていきます。それなのに、話を聞かず、自説を語るだけの姿勢はいけませんね。

気をつけなくてはいけないのが、文章で意見を主張する場合、どうしても一方的になることです。書き方を工夫しなければ、自説ばかりを訴える独りよがりな印象を与えかねません。

ここでは、独りよがりにならないためのふたつのコツをご紹介します。

ひとつ目が、導入をつけること。読み手にとって身近な話題、一般論、世間での常識などから話を始めるのです。それでいったん読み手に寄り添ってから、自分の主張に入るのです。

もうひとつは、次のような4ステップの流れを踏むことです。前の項目では主張・根拠・具体例の3つの段階を踏むと良い、と説明しましたが、より説得力のある文章にするためには、さらに一歩進んで次のような4段階にまとめてみてください。

① 主張（主張を述べる、文章の話題・テーマを提示する）
② 根拠・具体的事例（主張の理由・根拠、具体例を示す）
③ 反対意見の紹介（自説と反対の立場を想定し、その主張を紹介する）
④ 反論（③を否定し、自説の正しさを改めて主張する）

この型のポイントは③。

「たしかに～」「～という意見の人もいる」というように、対立する意見も考慮し、一部認めることで、客観的で冷静な印象を与えられます。それを、根拠をもって否定することで、主張に厚みや力強さも生まれるのです。

効果的に主張を伝える構成

① 主張
▼
② 根拠・具体例
▼
③ 反対意見の紹介
▼
④ ③への反論

例

①	ビジネスでは電話よりメールのほうが良い	主張
②	メールのやり取りは記録に残るため	根拠
③	電話なら声のトーンで感情が伝わる	反対意見の紹介
④	ビジネスでは感情よりも正確さのほうが重要。だからメールのほうが良い	③への反論

「反対意見」への反論が
説得力を持たせるポイント

自分の意見の甘さに気づくきっかけにも

この型に基づいて書いた文章を見てみましょう。

①ビジネス上のやり取りには、電話よりメールのほうが適しています。
②なぜなら、メールでのやり取りは、はっきりと記録が残るからです。
③たしかに、電話の場合、声のトーンなどで感情が伝わります。
④しかし、ビジネスで大切なのは感情豊かに伝えることより、正確に情報を共有することなので、メールのほうが便利だと言えます。

電話派の人の意見も受け止めつつ（③）、それを理由を添えて否定する（④）ことで、主張が説得力をもって伝わってきますね。

こうして、反対意見も含めた4ステップで書くことを習慣づけると、自分の考えの甘い部分に気づくきっかけにもなります。**反対の意見にどう反論していくか、理由を**

考えたり根拠を探したりする中で、自分の考えを深めるきっかけにもなるのです。

個人的で、感情的な思い込みに囚われないためにも、4ステップで書く練習をしてみましょう。

Basic works of Writing

37

具体例で共感を引き出せたら主張は通ったも同然

!

まとめと例をセットで書くのが鉄則

「○○が大切だ」の連呼では心に響かない

「しっかりと説明しているのに、なかなか相手が納得してくれない」と悩んでいる方も多いと思います。しっかりとした主張を正しい文章で伝えているのに、イマイチ説得力がない……。反応が薄い……。こんな文章は、表現が抽象的過ぎて、読み手が内容をリアルに感じていないことが原因かもしれません。

具体例を使っている文章は、わかりやすく説得力があります。「○○することが大切だ」とだけ連呼されてもピンときません。「○○することが大切だ。たとえば、Aさんも○○したことで、成功している」と例を添えられたほうが納得できるはずです。リアルなイメージがつくと、説得力が出てくるのです。

ただ、ダラダラと具体例ばかり続けるのはNG。長い割に情報の少ない、薄っぺらい文章になってしまいます。**抽象的な内容と具体的な内容、一般的な記述と個別的な記述を組み合わせ、バランスよく書くことが必要**です。

まとめと例をセットで書く、という鉄則を意識しましょう。

それに従った例文を見てみましょう。

○新人指導で重要なのは、一つひとつの作業の意味を説明することである。手順を説明するだけでは不十分だ。意味を理解してこそ、自発的な工夫が生まれるのである。
たとえば、新人に率先して電話を取るよう指導する際には、彼（彼女）の最初の応対が、企業のイメージを左右することを説明しなくてはならない。単に手順を説明して「取れよ」と指示しただけでは、ぞんざいに取ってしまいかねない。応対の重要性を理解してこそ、丁重な受け答えを心がけるものだ。

この文章は「まとめ→例」の順で書かれたものです。
ビジネス文書は「結論が先」というのが原則ですので、このように、先にまとめを書いてから具体例を書くのが原則です。

まとめは最後に持ってくるのもアリ

ただ、読み手の共感を引き出そうとする場合には、あえて具体例から書くのもひとつの手です。実感の湧きやすい例を挙げ、「うん、うん」と頷きながら読んでもらったところで結論を示す。そうすることで、深く納得をしてもらうことが可能です。

また、**文章が長くなった場合には、まとめ→例→まとめと、まとめを最初と最後に、2回書く構成にすると、主張がはっきりと伝わります。**まとめが後ろに来る場合には、

・このように
・つまり
・要するに
・結局
・以上のことからわかるように

などのフレーズで始めると、重要な部分を把握しやすくなります。

Basic works of Writing

38

文章をいかようにも伸び縮みさせるコツ

!

文字数の制限に応じて
文章を書くコツ

ただの繰り返しで文字を稼いでいる文が多い

54ページで、短く文章をまとめるコツを説明しましたが、逆にここでは、長く書くコツも含め、求められている文字量に応じた文章を書く方法を解説します。「読書感想文を原稿用紙○枚で書きなさい」と言われた子どもの頃から、文章の字数規定に悩まされてきた人も多いのではないでしょうか。

高校生の小論文を見ていると、制限字数を満たすために、無理に引き延ばそうとした文章に遭遇します。「○○は良くない。本当に良くない。けしからんからやめるべきだ。なぜなら良くないからだ」と結論を繰り返し言うだけ（＝同語反復《トートロジー》）に陥っているのです。

実際、ビジネスでも、このように意味のない繰り返しをして、文字量をかさ増ししている文章をよく見かけます。こうした文章だと、**「またその話か」「しつこいな」と読み手に飽きられてしまう**ことになります。

繰り返し以外で、文章を長くするには、次の3要素を使います。

①　対比　②　理由　③　具体例

これを使って、「Aという事業からは撤退すべきだ」という文を膨らませてみます。

> Aという事業からは撤退すべきだ。
> なぜなら、2年経っても黒字化する見込みがないからだ（理由）。
> ここまでの2年間で月平均50万円、累積で1000万円以上の赤字が発生している（具体例）。
> 現在わが社では事業Bが好調なので、予算をそちらに回したほうが良い（対比）。

対比・理由・具体例を補ったことで、長くなっただけでなく、納得できる文章になりました。

報告の文章であれば、5W1H（いつ・どこで・誰が・何を・なぜ・どうした）の観点で文章を点検して、抜け落ちていた要素をつけ足すのもいいですね。

文字量の調節は対比・理由・具体例で

逆に、文章を短くする場合には、少しの字数であれば、表現の名詞化を意識することで対応することができます。

この商品にとって何よりも重要なのは、幅広く知ってもらうことです。（32字）

この商品の優先課題は認知度向上です。（18字）

そして、大きく減らさなくてはならない場合には、先ほどの逆を検討します。

① 無駄な対比はないか
② 当然のことに理由をくどくど書いていないか
③ 挙げなくていい例やデータを挙げていないか

これらを検討することにより、文章をすっきりさせていきます。なお、削る際には、強調したい結論部分との関連が深い要素を優先的に残すようにしましょう。

Basic works of Writing

39

書き出しには決まったパターンがある。悩む必要なし

!

ビジネス文書は結論や大枠が先。
PRなどではあえて具体例やセリフから入る

読者を惹きつける1行目が思い浮かばない！

「最初の1文をどのようにすればいいのか悩む」

こんな声をよく聞きます。とくに、本書でも繰り返して述べているように、**忙しいときに読まれる文章は、最初の部分で読み手の興味を惹かなければ、肝心の主張まで読み進めてもらえません。**

このように書き出しの大事さを伝えると、ますます「読み手の興味を惹くには……」と悩んでしまい、進まなくなってしまうでしょう。

書き出しをどうしようか悩むのは、今日で終わりにしませんか？

だいたい何を書くかは決まっているのに、書いては消し、書いては消し、書き出しに何時間も悩んで、結局1行も進んでいない……。そんな文章作成は効率が悪く、もったいないですからね。

かと言って、書き出しは何でもいいわけではありません。

多くの人は冒頭部分を見て、その後を読むかどうかを決めます。書き出しを上手く書けるかどうかは、たしかに文章力の重要な要素です。
書き出しには大きく、2種類があります。

①　文書の内容がすぐわかる書き出し

②　相手を惹きつける書き出し

ビジネス文書の原則は①です。そのことを知っておくだけでも、書き出しに悩むことは減るはずです。小説ではないのですから、別に書き出しが凝っている必要はないのですね。**ずばり結論を書けば良い**のです。

あるいは、長い文章では、冒頭で文章の大枠、道筋を提示する場合もあります。

・なぜAの売上が落ち込んでいるか、既存顧客・新規顧客それぞれに分けて検討する。
・私どものご提供するサービスBの革新性を、3点ご説明いたします。

内容がすぐにわかる書き出しパターン

▶ 企画書や報告書などで有効

① 結論を先に書く

例　製品Aの広告予算を増やすべきだ。
なぜなら〜

② 大枠、道筋を提示する

例　サービスBの革新性を3点ご説明します。
まずは〜

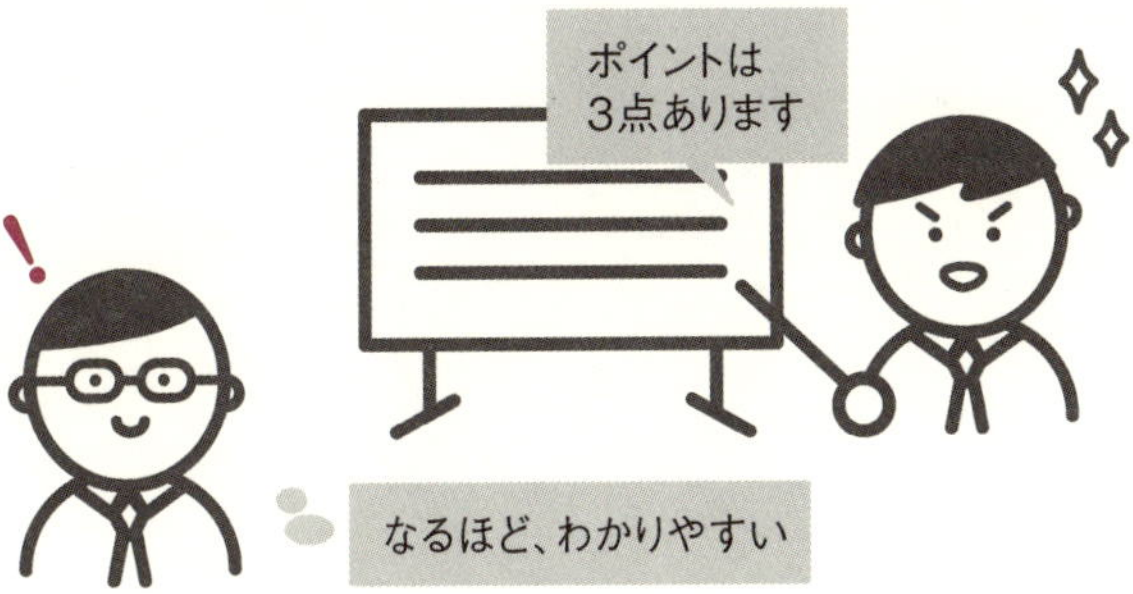
ポイントは
3点あります
なるほど、わかりやすい

**多くの人は冒頭を見て
その後を読むか判断している**

この後を読めば、どのような内容が書いてあるかを案内するわけです。

この6つのパターンに当てはめる

一方、商品・サービスのPR、イベントの告知、お店のブログなどでは、「②相手を惹きつける書き出し」が求められます。読み手を惹きつける冒頭文のパターンをあらかじめ知っておけば、そのどれかを選んで書けば良いので、あまり時間をかけずに書くことができます。

【読み手を惹きつける書き出し】

・読者に問いかけて、自分に引きつけて考えさせる
・意外な事実、データを提示する
・セリフや目に浮かぶような情景描写から始める
・誰もが共感し、うなずくようなことを話題にする
・時事ネタを取り入れる（古びてしまいやすいので、注意しましょう）
・挑発的な言葉を突きつける

たとえば、「セリフや目に浮かぶような情景描写から始める」を取り入れてみましょう。


【普通に書いた場合】

当店では、タイ古式マッサージと台湾式足つぼマッサージを提供しています。両者の長所を組み合わせた施術で、お客様にリラックスとリフレッシュをお届けします。「私が今まで受けてきたマッサージは何だったの!?」というご感想も聞かれます。

▼

【冒頭を工夫した場合】

「私が今まで受けてきたマッサージは何だったの!?」

当店に初めてお越しのお客様はこのようにおっしゃいます。それは、お客様のリラックスとリフレッシュを考え抜き、タイ古式マッサージと台湾式足つぼマッサージの長所を組み合わせて提供しているからです。

全体を書き終えた後に戻って考えるのもいい

なお、もし書き出しをじっくり考えるとしたら、最後の最後の段階にしましょう。最初のうちに悩んではいけないのです。**とにかく書き始めてしまったほうが、勢いが出てきて良い文章が浮かんでくるもの**です。

書き出しを考えるなら、ひと通り内容を書き終えた後に、「この文章に興味を持ってもらうには、どのような書き出しがより効果的か」という観点で考えましょう。そうすれば、

「ショッキングなデータを含む文章だから、最初にいきなりそれを突きつけるスタイルにしよう」

「とっつきにくい内容だから、身近に感じてもらえる具体例から始めよう」

などと効果的な検討ができるのです。

読み手を惹きつける書き出しパターン

▶ PRや告知、ブログなどで有効

① 読者に問いかける

例　上手な文章とはどのようなものだと思いますか?

② 意外な事実、データを提示

例　日本では年間実に 632 万トンもの食料が廃棄されています。

③ セリフや情景描写

例「今まで受けてきたマッサージは何だったの !?」

④ 誰もが共感・うなずくこと

例　生産性を上げ、より少ない時間で多くの成果を上げたい、と誰もが思うだろう。

⑤ 時事ネタ

例　2020 年の東京オリンピックに向けて……

⑥ 挑発的な言葉

例　今までのシャンプーには、もう戻れません。

内容に合わせて最も効果的な書き出しを選ぼう

〈著者紹介〉

吉田裕子（よしだ・ゆうこ）

◇—国語講師。三重県出身。公立高校から、塾や予備校を利用せずに東京大学文科Ⅲ類に現役合格。教養学部超域文化科学科を卒業後、学習塾や私立高校などで講師の経験を積み、現在は大学受験塾で現代文・古文・漢文を教えている。また、企業研修やカルチャースクール、公民館などでも、文章の書き方や言葉遣い、古典入門の講座を担当し、6歳から90歳まで幅広い世代の支持を集める。NHK Eテレの「Rの法則」「テストの花道 ニューベンゼミ」に講師として出演するなど、テレビでも活躍。ビジネス系の雑誌にも、日本語や文章の解説を寄稿している。

◇—著書には、10万部を超えるベストセラーになった『大人の語彙力が使える順できちんと身につく本』（かんき出版）の他、『大人の言葉えらびが使える順でかんたんに身につく本』（かんき出版）、『大人の文章術』（枻出版社）、『大人の常識として身に付けておきたい 語彙力上達BOOK』（総合法令出版）など多数。産業能率大学総合研究所の人気通信講座『文章力を磨く』『これだけは知っておきたい正しい日本語』のテキストも執筆。

会社では教えてもらえない 人を動かせる人の文章のキホン

2018年3月26日　第1刷発行

著　者——吉田裕子

発行者——徳留慶太郎

発行所——株式会社すばる舎

〒170-0013 東京都豊島区東池袋3-9-7 東池袋織本ビル

TEL　03-3981-8651（代表）　03-3981-0767（営業部）

振替　00140-7-116563

http://www.subarusya.jp/

印　刷——株式会社シナノ

ISBN978-4-7991-0698-3